HISTOIRE

DE

SAINT LÉON

APOTRE DE BAYONNE

SON ÉPOQUE, SA VIE, SON CULTE

PAR

L'Abbé MENJOULET

Vicaire-Général du diocèse de Bayonne

BAYONNE

F. LASSERRE, IMPRIMEUR-LIBRAIRE DE L'ÉVÊCHÉ
rue Orbe, 20

1876

HISTOIRE

DE

SAINT LÉON

APOTRE DE BAYONNE

HISTOIRE

DE

SAINT LÉON

APOTRE DE BAYONNE

SON ÉPOQUE, SA VIE, SON CULTE

PAR

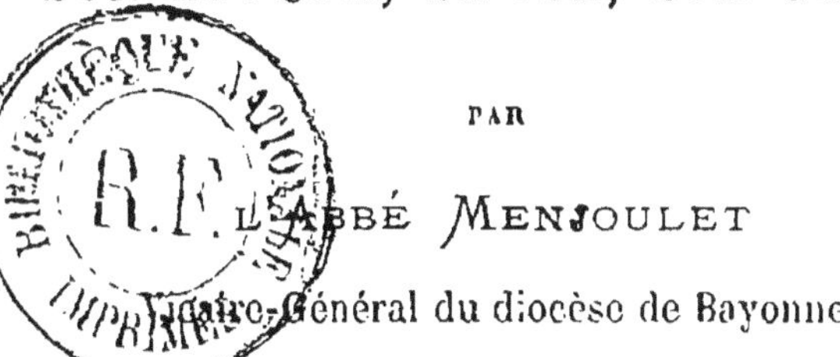

L'ABBÉ MENJOULET

Vicaire-Général du diocèse de Bayonne

BAYONNE

E. LASSERRE, IMPRIMEUR-LIBRAIRE DE L'ÉVÊCHÉ
rue Orbe, 20

—

1876

APPROBATION

DE

MONSEIGNEUR L'ÉVÊQUE DE BAYONNE

—

Nous avons lu avec grand intérêt l'*Histoire de saint Léon, Patron de Bayonne*, composée par notre cher vicaire-général, Monsieur l'abbé Menjoulet, et nous en recommandons très-vivement la lecture au clergé et aux fidèles de notre diocèse. Cet ouvrage réunit le double mérite d'être à la fois un livre d'édification et une sérieuse étude historique; on y reconnaît le prêtre selon le cœur de Dieu, et le savant auteur de la *Chronique du diocèse d'Oloron*. Nous espérons qu'il accroîtra la dévotion de notre peuple, et en particulier des pieux habitants de la ville épiscopale, envers le glorieux Apôtre du Labourd, auquel N. S. Père le Pape rendait naguère au Vatican, en présence de nos pèlerins bayonnais, un précieux et solennel hommage.

Donné à Bayonne, le 9 février 1876.

† FRANÇOIS, *Évêque de Bayonne*.

SANCTO LEONI

—

Ecce sacerdos magnus, qui in diebus suis placuit Deo, et inventus est justus, et in tempore iracundiæ factus est reconciliatio.

(Brev. Rom.)

SAINT LÉON

APOTRE DE BAYONNE

INTRODUCTION

DISCOURS HISTORIQUE

SUR LES ANTIQUITÉS DE BAYONNE (1)

Nous ne connaissons guère, en histoire, un problème plus difficile à résoudre que celui des premières origines de Bayonne et

(1) Pour n'avoir pas à surcharger nos pages de notes et de renvois, nous indiquerons ici les principales sources *locales*, où nous avons puisé. 1º MARCA : *Histoire de Béarn*, livres 1er et 2e. — 2º OÏHÉNART : *Notitia utriusque Vasconiæ*, passim. — 3º Bertrand COMPAIGNE, premier avocat du Roy au Présidial de Dax: *Chronique de la Ville et du Diocèse de Bayonne*, imprimée à Pau, d'autres disent à Toulouse, en 1663. La bibliothèque de la ville en

de son district. De savants auteurs s'y sont appliqués, depuis Pierre de Marca et Arnaud d'Oïhénart jusqu'à Veillet et notre regretté Jules Balasque, sans parler de plusieurs écrivains étrangers au pays. Mais leurs efforts ne sont point parvenus à porter la lumière dans tous les replis de cette question ; ils n'ont éclairé que certains points généraux, certaines cimes culminantes, s'il est permis de parler de la sorte.

Il ne nous appartient pas de dissiper les ténèbres au sein desquelles d'autres n'ont marché qu'en tâtonnant ; tel n'est pas d'ailleurs l'objet de ce travail. Il nous suffit

possède un exemplaire, sans frontispice. — 4° LES-PÈS DE HUREAUX : *Mémoire (manuscrit) sur Bayonne, le Labourd et le bourg de Saint-Esprit.* — 5° VEILLET, chanoine : *Recherches sur la Ville et l'Eglise de Bayonne,* manuscrit dont l'original est aux archives de Bayonne. — 6° Les *Histoires de Languedoc et de Gascogne.* — 7° *Nouvelle Chronique de Bayonne,* par un Bayonnais (BAÏLACQ). — 8° JULES BALASQUE : *Etudes historiques,* avec la collaboration de M. DULAURENS. — 9° Voir aussi notre *Chronique du Diocèse et du Pays d'Oloron,* chap. I et II.

dé marquer, à grands traits, la situation religieuse et civile du pays dans les longs siècles qui ont précédé l'apostolat de saint Léon. Or pour cela nos devanciers fournissent les indications les plus utiles.

Commençons par quelques notions géographiques.

I

Notions préliminaires de Géographie

Tout le monde sait que Bayonne est située au confluent de l'Adour et de la Nive; que l'Adour est un fleuve qui, prenant sa source au sud de Bagnères-de-Bigorre, décrit dans sa marche un quart de cercle, arrose en passant les villes de Tarbes, Aire, Dax, et se jette dans le golfe de Gascogne à quelques kilomètres au-dessous de notre ville; que la Nive, descendant des montagnes de Baïgorry et de Saint-Jean-pied-de-port, traverse une région assez montueuse, mais coupée de vallons verdoyants; enfin que la Garonne (dont la course du sud-est au nord-'ouest est presque concentrique et parallèle à celle de l'Adour, mais beaucoup plus étendue) limite, avec l'Océan et les Pyrénées, une belle province, successivement appelée Aquitaine, Novempopulanie et Gascogne.

Jules César, conquérant et historien des Gaules, mentionne, dans ses Commentaires, quelques-uns des peuples qui habitaient l'Aquitaine. Pline en cite un plus grand nombre. Après eux, vers l'an 125, l'empereur Adrien en fixa le nombre à neuf, ce qui fit donner à la province le nom de Novempopulanie, ou des Neuf peuples, *Novempopuli*.

Or parmi ces peuples il est un qui paraît avoir occupé un rang considérable; c'est celui des Tarbelles ou Tarbelliens, *Tarbelli*. Quelques auteurs ont voulu le placer, à cause de l'étymologie sans doute, dans les environs de Tarbes. Mais c'est une erreur palpable, puisque nous trouvons dans ce même quartier les *Bigerri*, d'où est venu le nom moderne de Bigorre. La place des Tarbelliens est à l'occident de la *Novem-*

populanie, le long de cette partie de l'Océan
qu'on nomme aujourd'hui le golfe de Gascogne.

Les anciens auteurs sont formels à ce
sujet. Strabon dit que les Tarbelliens étaient
les maîtres du golfe. Ausone donne le nom
d'Océan tarbellique à cette portion de la
mer où se jette l'Adour, qui reçoit le même
nom : *Tarbellius Aturrus* (1). Il est de plus
certain que Dax ou Acqs, comme on disait
autrefois, était le chef-lieu des Tarbelliens.
C'est Ptolémée qui nous l'apprend (2) ; et
l'Itinéraire d'Antonin désigne cette ville sous
le nom d'*Aquæ tarbellicæ*, les Eaux tar-
belliques. Personne n'ignore que Dax est
renommé pour ses eaux constamment
bouillonnantes, auxquelles il doit son nom
primitif : *Aquæ*.

Mais observons ici que les Tarbelliens
s'étendaient, non-seulement au nord jus-

(1) Strabo, lib. 4. *Tarbelli hunc sinum habent.*
Ausonius, in Parent. carm. 4. *Tarbellique furor
perstrepit Oceani.*

(2) Ptolom. 17. 44. 40. *Tarbellorum civitas Aquæ
Augustæ.*

ques aux grandes landes du Médoc, mais aussi sur la rive gauche de l'Adour jusqu'au faîte des Pyrénées. C'est encore Ptolémée qui nous le dit en termes exprès (1). De son côté, le poète Tibulle donne à nos montagnes le nom de Tarbelliennes : *Tarbella Pyrene*. On croit que, le long des Pyrénées, le peuple dont nous parlons allait des bouches de la Bidassoa au point le plus élevé de la Soule. Quoi qu'il en soit, l'observation précédente est d'une importance sérieuse pour la suite de ce discours et pour l'histoire de saint Léon.

II

Commencements historiques de Bayonne

La ville de Dax est nommée par Ptolémée *Cité* des Tarbelliens. Ce mot de Cité, dans le langage administratif de l'époque, signifiait, non une ville quelconque, mais une ville chef-lieu de toute une contrée, qui

(1) Ptolom. *Usque ad Pyrenem montem Tarbelli.*

trouvait en elle le centre de ses intérêts judi-
ciaires et civils ; ou, si l'on veut, la Cité
politique était l'ensemble de la capitale, des
villes secondaires, des quartiers qui vivaient
sous une même administration. Au temps
de Constantin-le-Grand, à qui l'on attribue
la *Notice des Provinces de l'Empire*, et qui
régna de 312 à 337, la Novempopulanie
était divisée, d'après cette Notice, en douze
cités, dont voici les noms : *Eauze*, métropole ; *Auch*, DAX, *Lectoure*, *Comminges*,
Couserans, BOATES ou BOÏUS, *Béarn*, *Aire*,
Bazas, *Tarbes* et *Oloron* (1). Onze de ces

(1) Notitia Provinciarum. Provincia Novempo-
pulana, Aquitania III : Metropolis, Civitas Elusa.
tum ; c. Ausciorum ; c. Aquensium ; c. Lactoratum ;
c. Boatium, id est Boius ; c. Benarnensium , id
est Benarnus ; c. Aturrensium, Vicojuli ; c. Vasa-
tica ; c. Turba, ubi castrum Bigorra ; c. Elloro-
nensium.

NOTICE. Ce mot, dérivé du latin *notitia* (connaissance), s'emploie pour désigner tout livre ou traité
qui donne une connaissance spéciale d'un pays, de
ses provinces, de ses villes, de ses routes, etc., ou
bien encore de ses dignités, de ses charges. La
Notice des Dignités de l'Empire. tant d'Orient que

cités sont parfaitement reconnaissables encore. Mais celle des Bpates ou Boïens *(Civitas Boutium, id est Boius)* est devenue le sujet d'une controverse entre les historiens et les géographes.

Scaliger et Vinet, écrivains du xvie siècle, ont voulu trouver *Boius* à Bayonne. Jules Balasque inclinerait volontiers vers cette opinion, qui se fonde sur une légère ressemblance de noms. Mais Marca la repousse dans son *Histoire.* S'appuyant sur les Itinéraires officiels qui marquent les distances entre les divers lieux, il trouve que le territoire des Boïens devait être dans le Bordelais, et probablement le même que le petit pays de *Buch,* appelé aussi *Bouies,* dont *La Teste* fut longtemps le *captalat* ou chef-lieu.

Avouons que cette dernière thèse est la

d'Occident, publiée sous Théodose est, avec la *Notice des provinces de l'Empire,* description géographique du monde romain sous Constantin, l'un des plus anciens spécimens de ce genre d'ouvrages; mais la *Notitia Galliarum* d'Adrien de Valois est l'un de ses plus excellents modèles. *(Encyclop. du* xixe *siècle.)*

plus plausible, et que Bayonne ne parait pas avoir eu rang de cité dans le principe. Mais cet honneur lui vint plus tard, ainsi que nous allons le prouver.

On doit descendre jusque vers l'an 395 pour découvrir la première mention administrative de Bayonne, et encore sous une dénomination différente. Il est question, dans la *Notice des dignités de l'Empire*, rédigée à cette époque, d'un tribun en résidence à *Lapurdum*, avec la cohorte novempopulanienne (1). Quelle est cette ville de *Lapurdum*? Pas autre que Bayonne,

(1) Not. Dignit. Imperii: *In Novempopulaniá, Tribunus cohortis Novempopulanæ,* LAPURDO. — On sait que l'armée romaine se divisait en *légions,* et que chaque légion se composait de *dix* cohortes, divisées elles-mêmes en *centuries.* L'effectif d'une cohorte était généralement d'environ 1,200 hommes, y compris un petit corps de cavalerie. Il y avait dans chaque légion six tribuns militaires, choisis principalement parmi les sénateurs ou les chevaliers : l'un d'eux portait spécialement le titre de *Tribunus cohortis.* Tel devait être le Tribun qui siégeait à *Lapurdum.* (Voir ADAM, *Antiquités Romaines,* t. 2, p. 147.)

ainsi que le prouvent une infinité de titres qui, jusqu'au xiie siècle, ne parlent de nos évèques et de nos vicomtes que sous le nom de Labourdins, *Lapurdenses* ou *Laburdenses*. Ce nom est resté au *pays de Labourd*, qui forme aujourd'hui la meilleure partie de l'arrondissement de Bayonne.

Il y avait donc, à la fin du quatrième siècle, sur les bords de la Nive et de l'Adour, une forteresse gallo-romaine assez importante pour recevoir une garnison nombreuse, et qui commandait, sans nul doute, à un vaste territoire. L'archéologie vient confirmer ici les inductions de l'histoire ; car on retrouve çà et là, au Château-Vieux, à la base de quelques tours et des remparts primitifs, les traces d'une construction romaine *en pierres cubiques* (1). Mais cette forteresse était-elle une *Cité* proprement dite, détachée de la Cité de Dax et

(1) En 1826, en démolissant un vieux mur d'enceinte aux Cinq-Cantons, on trouva, dans les fondements, deux pièces de monnaie de bronze, de l'empereur Adrien. (*Chron. de Bayonne,* par un Bayonnais, p. 2.)

du peuple des Tarbelliens? Marca se prononce pour l'affirmative, sans pouvoir déterminer l'époque où cette cité fut établie. Nous
croyons, nous, qu'elle doit son origine à
Théodose-le-Grand, qui régna de 379 à
395, et qui, né en Galice, province espagnole assez rapprochée du Labourd, avait
pu constater par lui-même l'excellence de
cette position au point de vue militaire.
Ce qui est certain, c'est que, deux siècles
après, Grégoire de Tours, dans un passage
que nous produirons plus tard, range *Lapurdum* parmi les cités gallo-frankes.

La chose sera mise hors de doute si l'on
admet un évêque siégeant à *Lapurdum* vers
l'an 390, ainsi que nous le verrons bientôt ;
car, à cette époque, la discipline en vigueur
ne permettait d'ériger les siéges épiscopaux
que dans les cités proprement dites, jamais
dans les villes d'un ordre inférieur, encore
moins dans de simples bourgades.

Pour le moment, bornons-nous à quelques réflexions sur le nom même de *Lapurdum*. Il y en a qui lui assignent une étymologie moitié basque, moitié celtique : *La-*

purra, désert ; *dun*, haut, profond. D'autres s'en tiennent au premier mot, *Lapurra*, et les habitants du Labourd s'appellent eux-mêmes *Laphurtarrac*. C'est toujours une origine euskarienne, qui semblerait prouver que notre pays était habité déjà par une tribu de la valeureuse nation des Cantabres.

Dans tous les cas, *Lapurdum* est le premier nom historique de notre ville ; ce fut son nom officiel jusqu'au milieu du douzième siècle. Mais, à côté de cette dénomination en usage dans les actes publics, y eut-il, dès les temps primitifs, un autre mot populaire en usage dans les relations de la vie civile? Nous le croyons avec Jules Balasque. Il est hors de toute contestation que, sur la fin du onzième siècle, on voit en même temps et dans les mêmes titres le nom de Labourd avec celui de Bayonne (1).

(1) C'est ainsi qu'un don fut fait avant l'an 1080 à Notre-Dame de Bayonne, *Beatæ Mariæ de Baïona*, sous le pontificat de Guillaume qui signait lui-même : « évêque de *Labourd.* » Veillet, 1re partie, chap. 9. — Dans le Cartulaire de Sordes, on trouve

Or, cette dernière appellation a une étymologie remarquable dans le basque, qui est
l'idiome du pays, de temps immémorial. Il
vient de ces deux mots : *Baïa*, baie ou port,
et *ona*, bon, bonne ; d'où *Baïona*, bonne
baie, bon port.

A la vérité, Bayonne n'est pas immédiatement sur les bords de la mer, qui en est
éloignée d'environ six kilomètres. Mais,
située au confluent de l'Adour et de la Nive,
elle voit à ses pieds un large bassin qu'on
peut regarder comme un bras de mer (1),
et qui forme un port véritable où les navires
trouvent un abri sûr, quand ils sont parvenus à franchir les écueils de l'embouchure. Pour les anciens, ces écueils augmen-
taient la sûreté du port, parce qu'ils le

à la date de 1119 (v. s.) un Raymond, chanoine de
Bayonne, signant après un archidiacre de *Labourd*,
p. 7. Veillet en cite d'autres exemples antérieurs
au milieu du XIIᵉ siècle.

(1) On lui donne le nom de *mer* dans un acte de
1140, ou environ, relatif à la construction du pont de
Saint-Esprit : *Pontem suprà* MARE *Baïonæ perficere
incipio.* (Veillet, 1ʳᵉ part. chap. 12, art. 2.)

garantissaient contre les surprises des vaisseaux ennemis.

Après cela, il ne faudrait point s'étonner que les marins basques, soit qu'ils vinssent, sur leurs radeaux, des points les plus élevés de nos rivières, soit qu'ils retournassent, dans leurs légers esquifs, d'une longue navigation en pleine mer, appréciant la sécurité qu'ils trouvaient tout-à-coup dans le bassin de l'Adour, tel que nous venons de le décrire, se soient habitués à ne désigner le lieu de leur arrivée que sous un nom qui exprimait si bien la fin de leurs périls et de leurs fatigues. Là où les Gallo-Romains ne voyaient que la puissante forteresse du Labourd, le peuple aimait à considérer le port favorable, la rade propice, le havre des Labourdins. C'est la distinction que semble vouloir indiquer le docte Du Saussay quand il appelle notre ville le Fort Labourd, *Castrum Lampurdum*, ou bien, ajoute-t-il, la Bayonne, — c'est-à-dire, d'après l'étymologie, le bon port, le *havre* — des Labourdins, *seu Baïonam Lampurdensium* (1).

(1) *Martyrol. Gallic.* 3. Martii.

III

Topographie de la Cité de Labourd

Quoi qu'il en soit, le nom de Bayonne n'entra définitivement dans le langage universel qu'après que la ville se fut agrandie jusqu'aux rives de l'Adour et au delà de la Nive. A l'origine, elle ne couvrait que le plateau supérieur où se dresse la cathédrale. On peut en reconnaître encore le contour à de gros murs et à de vieilles tours qui subsistent en dedans des fortifications actuelles. Les traces en étaient mieux conservées au commencement du dix-huitième siècle. C'est pourquoi, nous confiant à un manuscrit de cette époque, nous donnerons de l'ancien *Lapurdum* la description suivante :

Partons du Château-Vieux : suivons les remparts qui longent et soutiennent l'évêché ; suivons encore les anciennes tours qui se succèdent depuis le presbytère actuel jusqu'aux premières maisons de la rue d'Espagne ; descendons ensuite jusques un peu au dessus de la rue des Basques. C'est là que l'enceinte tournait brusquement au nord, passait au milieu de la rue Poissonnerie, au bas du Pilcri, aux Cinq-Cantons, à la rue Orbe, et aboutissait enfin au dessous du Château-Vieux. Dans l'espace aujourd'hui occupé par les quartiers les plus populeux (la rue du Gouvernement, la place d'Armes, la rue Chégaray et leurs aboutissants, le quartier des nouvelles halles et le Petit-Bayonne tout entier) on ne voyait guère que des sables baignés par le flot de la marée montante et qui formaient comme un grand fossé au pied de la forteresse. Le sud-ouest de la place se maintenait à peu près au niveau des glacis actuels. Saint-Esprit n'existait pas encore.

Telle était l'ancienne ville de *Lapurdum*. Quant au district qui en dépendait et qui constituait, avec la ville, la *Cité de Labourd*, on en connaît la circonscription par les limites du diocèse qui, suivant l'usage, s'adapta complètement à la géographie politique. Au nord, l'Adour depuis son embouchure jusqu'au *bec* de la Bidouse ; à l'ouest, l'Océan jusqu'à la Bidassoa ; au sud, les montagnes et les vallées tributaires de ce dernier fleuve ; à l'est enfin, le long bassin de la Nive jusqu'au delà de Saint-Jean-pied-de-port, avec quelques localités plus orientales en dehors de ce bassin (1).

Voici une énumération complète et officielle des quartiers qui composèrent l'évêché

(1) Une route qui subsiste encore reliait, en diagonale, les points extrêmes de la cité de Labourd. C'est celle qui, partant des hauteurs de Saint-Pierre-d'Irube, aboutit, dans la direction du sud-est, à Saint-Jean-pied-de-port. On y a fait de nos jours certaines rectifications partielles ; mais, dans l'ensemble, elle desservait les quartiers principaux de la contrée. Vers l'Espagne, c'étaient d'autres chemins dont le tracé est impossible à saisir. Du reste, l'Itinéraire d'Antonin ne marque aucune voie romaine passant par *Lapurdum* vers la Bidassoa. La route dont nous avons parlé se soudait près de Saint-Jean-pied-de-port à la grande voie militaire d'Astorga à Bordeaux, dont nous citerons les stations dans le pays des Tarbelles... *Summum-Pyrenæum, Imum-Pyrenæum* (Saint-Jean-pied-de-port) *Carusa,* (Garris?), *Aquæ Tarbellicæ* (Dax). — Ap. Marca, *Hist. du Béarn*, liv. I. ch. II,

de Bayonne ; nous l'extrayons de deux bulles pontificales : l'une du pape Paschal II, en 1106 ; l'autre du pape Célestin III, en 1194. Elles confirment une charte rédigée, en 980, par l'évêque Arsius, qui ne manque pas d'observer que cette description est conforme à l'état des choses existant dans les temps les plus reculés, *priscis temporibus ;* la voici, d'après ces documents combinés :

« Vallée de *Labourd :* vallées d'*Arberoue,*
« d'*Ossès,* de *Cize,* de *Baïgorry ;* puis les
« vallées de *Bastan,* de *Lérin,* d'*Ernani*
« et d'*Oyarzun* jusqu'à Saint-Sébastien. »

Ces quatre dernières vallées appartiennent à l'Espagne, et furent détachées de Bayonne, pour être incorporées au diocèse de Pampelune, à l'occasion des troubles de religion, dans le seizième siècle ; démembrement qui n'avait été décrété par le Pape que pour un temps, et qui est devenu définitif malgré les réclamations de nos évêques.

On aura remarqué sans doute que le Labourd ne figure que comme l'une des vallées formant l'ensemble du diocèse de Bayonne, et conséquemment comme une petite portion de l'ancienne Cité C'est que, depuis les temps primitifs, il y avait eu, avant le xe siècle, des changements notables dans l'état du pays et, par suite, dans la géographie. On verra l'explication de cette particularité, lorsque nous aurons traité la question de nos origines chrétiennes, dans les paragraphes suivants.

IV

Commencements du Christianisme dans le pays de Labourd

On regarde assez communément saint Léon comme le fondateur de l'Eglise de Bayonne. Mais c'est une erreur, si du moins on ne peut placer son apostolat dans nos contrées que vers la fin du ixe siècle, ainsi que nous l'établirons plus tard. Saint Léon fut l'apôtre de Bayonne, alors sans pasteur ; il y ramena la religion chrétienne, qui en était bannie depuis longues années : mais on peut affirmer que, plusieurs siècles avant sa venue et son martyre parmi nous, le christianisme avait fleuri le long du golfe de Gascogne et dans toute l'étendue de la cité de Labourd.

Les preuves historiques ne sont pas nombreuses à cet égard. Toutefois on peut établir le fait sur des inductions rigoureuses et très concluantes.

Remontons jusqu'au troisième siècle. A cette époque, l'Evangile avait été déjà prêché dans la Novempopulanie. Saint Paterne, disciple de saint Saturnin, ou Sernin, apôtre de Toulouse, et, après saint Paterne, saint Servat, saint Optat et saint Pompidien occupèrent successivement le siége d'Eauze, qui était alors la métropole de la province, et leur prosélytisme ne pouvait pas manquer de s'étendre sur tous les points des pays confiés à leur autorité supérieure par la discipline du temps. Aussi trouve-t-on à Dax, dès l'an 255, un évêque, qui fut probablement le premier et que son zèle ardent conduisit au martyre : c'est l'illustre saint Vincent, surnommé de Xaintes, dont une église paroissiale conserve le souvenir et le tombeau, aux portes mêmes de la vieille cité.

Or, rappelons-nous que Dax était la capitale du peuple des Tarbelliens, et que les Tarbelliens s'étendaient, au midi, jusqu'au faîte des Pyrénées. Saint Vincent ne fut pas seulement évêque de la ville de Dax, mais de toute la cité, comme on disait en ces temps-là, c'est-à-dire de tout le territoire qui dépendait de ce chef-lieu ; son zèle apostolique dut par conséquent se porter, non-seulement sur les plaines de l'Adour et sur les landes qui l'entouraient de plus près, mais aussi jusque dans les vallées les plus profondes qui touchent aux limites de l'ancienne *Hispanie* (Espagne). Et qui pourrait croire qu'animées du souffle primitif de la foi chrétienne, ses prédications n'ébranlèrent pas les peuplades de la montagne, pendant que, de l'autre côté des Pyrénées, les disciples de saint Firmin propageaient la même doctrine dans le diocèse voisin de Pampelune ? Tout annonce que saint Vincent de Dax fut le premier apôtre de la contrée qui se déploie entre l'Adour et les Pyrénées. Nous en trouvons une preuve assez décisive dans un fait liturgique : c'est que ce grand évêque est resté le patron de trois paroisses : Ciboure, Urrugne, dans le Labourd ; et Garindein, près de Mauléon, au pays de Soule.

Mais, le temps vint où les Tarbelliens furent scindés en deux cités : l'une au nord, celle de Dax ; l'autre au midi, celle de Labourd. Cela se fit, selon nos conjectures, environ cent ans après saint Vincent de Dax, lorsque, sous le règne du Grand Théodose, on construisit, au confluent de l'Adour et de la Nive, cette forteresse dont nous avons parlé sous le nom de *Lapurdum* ou *Labourd*, et qui, destinée à contenir la fougue des populations montagnardes, acquit promptement l'importance d'un chef-lieu, où résida l'un des dignitaires de l'Empire romain : un tribun avec sa cohorte.

A côté du tribun, la politique chrétienne de Théodose dut songer à placer un évêque dont l'influence morale ne pouvait que rendre plus facile le gouvernement civil de la contrée. C'est ainsi, croyons-nous, que *Lapurdum* devint une cité complète, par un accord solennel entre la puissance ecclésiastique et l'autorité impériale.

En effet, dès cette époque, une charte malheureusement perdue aujourd'hui, mais dont un grave magistrat du xviiᵉ siècle nous garantit l'authenticité, parle d'un évêque de Labourd, ami intime d'un évêque de Dax, et va jusqu'à donner les noms propres de ces deux prélats.

Ecoutons Bertrand de Compaigne, conseilller et premier avocat du Roy en la sénéchaussée des Lannes au présidial d'Acqs, auteur d'une *Chronique de la ville et du diocèse de Bayonne*. Il cite le texte latin d'une charte extraite des archives de l'abbaye de Divielle, dans l'ancien diocèse de Dax (1). Or voici la teneur de ce texte: « *Ezentius* « *évêque d'Acqs*, en se conformant aux salu « taires conseils d'*Iscassicus* évêque de La « bourd, homme distingué par la noblesse « de sa famille et la sainteté de sa vie, gou « verna son diocèse avec autant de bonheur « que de prudence, y rétablit la discipline

____

(1) L'abbaye de Divielle (*Dei villa*), située sur les bords de l'Adour, au sud de Dax, est occupée aujourd'hui par une colonie de Trappistes. Elle appartenait autrefois aux Prémontrés.

« ecclésiastique, et y fit régner le bon
« ordre (1). »

Compaigne a soin de nous dire qu'on est redevable à la charte de Divielle d'avoir conservé les noms de plusieurs évêques novempopulaniens inconnus dans les catalogues. Ce qui est vrai, en particulier, d'*Ezentius*, omis par les savants auteurs de la *Gallia Christiana*, qui parlent cependant, mais sous toutes réserves, de notre *Iscassicus*. Au surplus, Ezentius aurait pris part, toujours d'après Compaigne, au concile tenu à Bordeaux en 383 contre la secte des Priscillianistes.

Rien de plus précis. En vain objecte-t-on que la charte citée par Compaigne ne se retrouve plus. Elle s'est égarée, c'est un malheur ; mais il ne s'ensuit point qu'elle n'ait jamais existé. Quand un magistrat, dont la chronique fait éclater, à chaque ligne,

____

(1) *Iste episcopus* (Ezentius Aquensis), *consilio salutari Iscassici, Lapurdensis episcopi, nobilitate familiæ et sanctitate vitæ insignis, prudenter et feliciter diœcesim gubernavit, ecclesiasticam disciplinam instituit amplectendamque ordinavit.*

et la parfaite loyauté et les intelligen-
tes recherches, nous signale cette pièce
comme un monument sérieux, on peut
s'en rapporter à lui, comme les plus dif-
ficiles critiques s'en rapportent à de nombreux historiens qui en citent d'autres
plus anciens, dont les ouvrages se sont
perdus (1).

Ainsi, l'Eglise de Bayonne peut faire remonter son origine jusqu'à la seconde moitié du quatrième siècle, et nous pouvons regarder comme son premier évêque *Iscassicus*, ou Iscassic, que sa naissance et sa
sainteté rendaient digne de fonder un
nouveau diocèse.

Après lui, on cite un certain *Sulpice*, que
la *Gallia Christiana* ne rejette pas d'une
manière absolue, mais dont l'existence nous
paraît très-problématique et que nous ne
mentionnons que pour mémoire.

Puis nos dyptiques sont entièrement

(1) On pourrait en produire de nombreux exemples : Hérodote, Josèphe, saint Jérôme, saint Grégoire de Tours, etc.

muettes pendant plusieurs siècles (1). On ne trouve aucun évêque de Bayonne, ni au concile d'Agde, en 506, ni au concile de Paris, en 573, ni au concile de Mâcon, en 585, ni au concile de Bordeaux, en 673, quatre conciles que nous indiquons parce que l'on y vit les évêques des autres diocèses de la Novempopulanie. Il faut arriver à l'an 845, ou environ, pour rencontrer un *évêque de Labourd*, du nom de *Sedatius*, dans une assemblée de prélats réunis à Auch, pour l'inauguration de la cathédrale de cette cité, sous la présidence de l'archevêque, Taurin II (2).

(1) On entend par *dyptiques* les catalogues officiels des anciens évêques d'un diocèse, tels qu'on les conservait dans les archives des cathédrales, en vue surtout des prières à réciter publiquement pour les défunts. Il est aisé de comprendre que ces dyptiques aient péri dans les grandes catastrophes qui ont désolé les premiers âges de l'Eglise catholique, surtout dans la Gaule méridionale.

(2) *Chronique d'Auch,* par Dom Brugelles, aux Pièces justificatives. — *Hist. de Gasc.*, t. 1, p. 340.

Iscassicus, vers 390, et Sedatius, en 845,
sont comme les deux anneaux extrêmes
d'une longue chaine qui se déroule, à travers d'épaisses ténèbres, durant un espace
de plus de quatre cent cinquante années.
Dans cet intervalle on ne découvre nulle
part ni le nom, ni la trace d'un seul évêque
de Labourd. Mais on aurait tort d'en con-
clure que le christianisme eût entièrement
disparu de nos contrées. Le siége épiscopal
put vaquer bien des fois et peut-être longtemps à cause des invasions barbares qui
ruinèrent le pays coup sur coup. Cependant
la foi ne laissa pas de se maintenir plus ou
moins pure, surtout dans les campagnes,
où le voisinage des églises de Dax, d'Oloron et de Pampelune la protégeait suffisamment, à défaut même de toute autorité
locale. Seulement, il nous parait démontré
qu'aucun autre quartier de la Novempopulanie n'eut autant à souffrir que le nôtre, au
point de vue religieux ; ce fut, sous ce rapport, un théâtre permanent de désolations
et de ruines, ainsi qu'on va le voir dans le
tableau rapide qui fait l'objet des paragraphes suivants.

V

Épreuves religieuses du pays de Labourd (du **IV**ᶜ au **VIII**ᶜ siècles).

Iscassicus vivait peut-être encore, lorsque les Barbares envahirent les Gaules et
portèrent à l'empire d'Occident un premier
coup de grâce qui allait précipiter sa chute
définitive. Dans l'année 406, les Vandales,
les Suèves et les Alains, formant des hordes
innombrables, parvinrent dans nos contrées
avec l'intention de pénétrer en Espagne ;
mais retenus d'abord au pied des Pyrénées par les légions romaines, qui leur en
disputèrent le passage, elles séjournèrent
deux ou trois ans au sein de la Novempopulanie, et ce fut pour y exercer d'affreux ravages que saint Jérôme décrit en ces termes :
« Tout ce qui appartient aux *Neuf-peuples*
« a été dépeuplé, excepté un petit nombre
« de villes que le glaive consume au dehors
« et la faim au dedans (1). »

(1) Epist. ad. Agerruchiam : *Patrol.*, t. 22, col.
1058.

Ces Barbares n'avaient fait que passer ; d'autres vinrent, qui s'établirent en maîtres dans le pays. Vers l'an 420, les Wisigoths (ou Goths de l'ouest) fondèrent à Toulouse un royaume qui finit par s'étendre sur les deux versants des Pyrénées et que gouvernèrent successivement Wallia, Théodoric et Evarix, ou Euric, lequel monta sur le trône en 446.

Les Wisigoths étaient chrétiens, mais hérétiques, de la secte d'Arius, l'une des plus acharnées contre la véritable Eglise. Euric ne fut pas simplement dévoué à son culte, il voulut aussi en être le propagateur. « Le nom seul de catholique, dit saint Sidoine Appollinaire, écrivain du temps, « lui causait une telle horreur qu'on l'aurait « cru le chef de sa secte, et sa grande illu- « sion était d'attribuer à sa religion le « succès de ses entreprises. » Le même auteur raconte ensuite les fureurs exercées par ce roi fanatique : « Bordeaux, dit-il, « Périgueux, Eauze, Bazas, Comminges, « Auch et beaucoup d'autres cités en plus « grand nombre touchent à leur ruine

« spirituelle par la mort de leurs pasteurs,
« moissonnés sans que l'on établisse à leur
« place de nouveaux évêques pour conférer
« les ordres inférieurs. Dans les diocèses et
« dans les paroisses tout est négligé. Et ce
« n'est pas seulement dans les paroisses de
« la campagne que règne la solitude ; elle est
« aussi dans les églises de ville, où les réu-
« nions deviennent très rares (1). »

Saint Grégoire de Tours dit, de son côté, qu'Euric n'attendit pas toujours la mort naturelle des prêtres, mais qu'il en frappa un grand nombre ou par le glaive, ou par l'exil, ou par la prison. Au reste, quoique Appollinaire et Grégoire de Tours ne mentionnent aucunement la ville de Labourd, pas plus que Dax et Oloron, il est indubitable que ces trois cités ne furent pas plus épargnées que les autres ; au contraire, leur position sur les routes des conquêtes d'Euric, aux deux côtés des Pyrénées, les exposait à de plus grands désastres, surtout Lapurdum, qui devait être le siége d'une garnison barbare.

(1) Epit. 6., L. 7 ; *Patrol.*, t. 58, col. 575.

Euric vécut jusqu'en 484. Son successeur, Alaric, se montra plus tolérant, du moins à la fin de son règne. Mais il ne se pressa pas de réparer ou de laisser réparer les suites de la persécution. A Labourd, du moins, il ne paraît pas qu'on ait pu relever de sitôt l'église cathédrale ; et c'est ce qui explique l'absence de nos évêques au concile d'Agde, en 506, et à d'autres conciles postérieurs.

Cependant l'état religieux du pays s'améliora tout-à-coup par l'expulsion des hérétiques. Clovis, qui venait de fonder, au nord des Gaules, le royaume très-chrétien des Francs, déclara la guerre aux Wisigoths, les défit en 507, dans les plaines du Poitou, tua, de sa propre main, leur roi Alaric, et en refoula tout le peuple jusqu'au delà des Pyrénées. Alors *Lapurdum* devint une cité gallo-franke, et la Novempopulanie tout entière jouit, sous le sceptre de ses nouveaux rois, de la pleine liberté du culte catholique.

Pourtant nos évêques ne reparaissent pas encore dans les documents historiques. Un seul mot de Grégoire de Tours tire *Lapur-*

dum de l'oubli, à propos d'un traité ent
Gontran et Childebert (année 587), traité (
il est dit que Childebert aura en son pou
voir les *cités* d'Aire, de Couserans, de *Le*
bourd et d'Albi, avec tout leur distric
cum terminis suis (1). Remarquons ce m
de *cité* qui, comme l'observe Marca, n'e
jamais appliqué par Grégoire de Tou
qu'aux villes épiscopales. *Lapurdum*. ava
donc un évêque, aussi bien qu'Aire et Cou
serans. Mais le nom de cet évêque est inco
nu ; il aura péri, avec les archives du di
cèse et les autres souvenirs de l'époque, dar
les désastres qui devaient fondre encore su
la malheureuse cité.

Nous ne regardons pas néanmoins comm
directement désastreuses pour la religio
les courses des Wascons et leur installatio
dans nos contrées, vers la fin du vi^e sièclo
Peuple intrépide et harcelé de toutes part:

______

(1) Grégoire Tur. *Hist.* L. 9, C. 20 : *Vicum J*
liensem, cum Consorannis , Lapurdo et Albi
Domnus Childebertus rex , cum terminis suis,
præsenti die suæ vindicet potestati. (Patrol., t. 7
col. 498.)

au nord et au midi, par les Franks et par
les Goths, les Wascons se montrèrent féroces
dans leurs aventures guerrières, mais contre l'Etat et non contre l'Eglise. A la vérité,
c'étaient des demi-païens, mais plutôt superstitieux qu'infidèles, et leurs croyances
ne furent jamais de celles qui poussent à la
persécution. Du reste, on sait qu'ils furent
bientôt convertis par saint Amand, et qu'à
la fin ils ne formèrent qu'un seul et même
état avec la population indigène. Leur invasion fut, sans nul doute, une source
d'affreux désordres dont la religion sentit
le contre-coup ; mais, encore une fois, il n'y
eut point de persécution réelle. Nous ajoutons que, pour ce qui est du Labourd en
particulier, les Wascons durent y faire
moins de mal qu'ailleurs, soit parce qu'ils
paraissent avoir pénétré dans la Novempopulanie par les gorges de la Basse-Navarre,
soit plutôt parce que les anciens *Laphurtarrac* (les Labourdins) étaient leurs frères
de race et peut-être leurs alliés.

VI

Suite du même sujet
(732 - 860).

Il n'en fut pas de même, hélas! de la terrible expédition des Sarrasins, ou Maures d'Espagne, venus en 732, avec toutes leurs forces, pour conquérir la France et la soumettre au joug de l'islamisme. S'ils furent taillés en pièces, par Charles Martel, non loin de Tours, il n'en est pas moins certain qu'ils détruisirent sur leur passage un grand nombre de monuments religieux, et mirent à mort des multitudes de chrétiens, surtout de religieux et de prêtres. Il est certain aussi que ces farouches disciples de Mahomet se rendirent maîtres de la ville de Bayonne, ainsi que le constatent Catel et Nicolas Bertrand, historiens de Toulouse. Ils ne détruisirent pas la cité ; mais ils y introduisirent leur faux culte, à tel point que, quelques années plus tard, Charlemagne voulut y rétablir le culte antique, les armes à la main. Son neveu, Forcin, où

Chorson, premier comte de Toulouse, vint mettre le siége devant la ville (1).

« Les païens effrayés, dit Nicolas Ber-
« trand, demandèrent un sigue de paix,
« une trève, ou quelque raison de cette
« attaque. Forcin répondit qu'il était venu
« pour procurer leur salut, et afin qu'ab-
« jurant leurs erreurs, ils reconnussent la
« foi de Jésus crucifié. Alors ils promirent
« de se faire chrétiens, se firent instruire,
« et devinrent en effet de bons chrétiens. »

Ici se présente une observation très important pour l'intelligence de certaines particularités de l'apostolat de saint Léon : c'est qu'il faut distinguer le sort religieux du Labourd d'avec celui de sa capitale. Plus exposée aux faits de guerre et d'ailleurs ha-

(1) Nous ne reproduisons ce récit qu'en l'abrégeant, et sous toutes réserves en ce qui concerne son authenticité. Mais, au point de vue de l'histoire locale, on ne saurait l'omettre entièrement, parce qu'il énonce une tradition qui concorde avec l'ensemble des évènements religieux de notre région. On peut voir différents textes qui s'y rapportent dans l'*Histoire du Languedoc,* édit. Du MÉGE, t. II, additions, p. 44.

bituellement occupée par des garnisons e
des administrations d'origine étrangère
la ville se ressentait inévitablement de
vicissitudes qu'entrainent après eux le
changements successifs de personnes, d'in
fluences et d'autorités. A peine y avait-
place pour une petite population indigène
réléguée au dernier rang. Dans la campa
gne, au contraire, la totalité des habitant
formait un peuple autocthone que sa langu
et ses mœurs tenaient à part. Aussi pou
vait-il garder et gardait-il sa religion, lors
que le chef-lieu s'en trouvait lui-mèm
plus ou moins déshérité. Seulement, o
conçoit que la ferveur de nos fidèles mon
tagnards devait se ressentir plus ou moin
du malheureux état de la cité diocésaine.

Il suit de là que le christianisme, implar
té dans le Labourd dès le temps de sain
Vincent de Dax, s'y était conservé, bie
qu'affaibli dans la pratique, et qu'il y régna
toujours malgré les violences que le che
lieu subissait d'âge en âge. On doit croir
d'ailleurs que Charlemagne, qui eut tant d
zèle pour la vraie foi, s'efforça de la ran

mer dans notre pays, après l'expédition de
son neveu et ses propres campagnes.

Mais l'Eglise était déjà menacée par de
nouveaux persécuteurs plus furieux encore
que tous les précédents ; nous voulons parler des Normands, dont Charlemagne avait
entrevu avec effroi les prochains ravages.

Avant de raconter ces dernières épreuves, il convient de dire quelques mots sur
la situation politique du pays, pendant cette
lugubre période.

Depuis les invasions vascones, l'ancienne
Novempopulanie avait changé son nom en
celui de Vasconie ou Gascogne. Il se forma
sous ce dernier nom un duché qui s'étendit
à l'origine depuis la rive gauche de l'Adour
jusques aux plaines de l'Ebre, et qui, plus
tard, atteignit, au nord, les bords de la
Garonne. Ce duché fut souvent en lutte avec
les rois de France ; mais Charlemagne et
son fils Louis-le-Débonnaire parvinrent à
y faire prévaloir leur autorité, au point d'y
nommer eux-mêmes non-seulement le duc,
mais encore des comtes et des vicomtes. Il
y eut un comté de Gascogne, dont le chef-

lieu paraît avoir été à Saint-Sever (Landes), distribué en plusieurs vicomtés, parmi lesquelles nous devons signaler la vicomté de Bayonne ou plutôt de Labourd, avec celles d'Arberoue, de Baïgorry et de Dax.

Dans ce nouveau partage, l'ancien pays de Labourd fut notablement diminué, par suite de l'érection du royaume de Navarre, vers l'an 850 (1). Ce royaume posséda, en deçà des monts, outre le pays de Mixe et l'Ostabarès, dépendant de la vicomté de Dax, les vallées de Baïgorry, de Cize, d'Ossès et d'Arberoue, ne laissant à la vicomté de Bayonne que la partie occidentale de l'ancienne *Cité* de Labourd, dont nous avons marqué les limites plus haut. Toutefois, cette réduction n'atteignit que la cité politique. Le diocèse conserva toute son

____

(1) Les premières origines du royaume de Navarre remonteraient plus haut, d'après les historiens espagnols. Mais, suivant l'opinion des meilleurs critiques, c'est seulement vers le milieu du ixe siècle que ce royaume prit sa forme définitive. Dès cette époque, il occupa, en deçà des monts, le district appelé *Basse-Navarre*.

étendue primitive, c'est - à - dire, avec la vicomté de Labourd, les quatre vallées qu'on vient de nommer et même les quatre vallées espagnoles de Bastan, Lérin, Oyarzun et Hernani, soumises aussi au roi de Navarre.

Nous connaissons, pour cette époque, le nom de l'évêque de Labourd : *Sedatius* ou Sédat, qui, comme nous l'avons déjà dit, assista, en 845, avec d'autres évêques de la province, à l'inauguration de Sainte-Marie d'Auch. Ce fut cet évêque qui vit son église en proie à la férocité des Normands.

Totilus était duc de Gascogne et résidait à Bordeaux lorsque les pirates du nord parurent pour la première fois dans le bassin de la Garonne. Depuis plusieurs années, ils avaient porté la désolation sur toutes les côtes septentrionales de la France, dans les vallées du Rhin, de la Seine et de la Loire. L'attrait des ruines et la soif du pillage les poussèrent, en 841, jusque dans le golfe de Gascogne, où leurs navires, longs et plats, se jouant à travers les écueils, remontaient les fleuves et les rivières par delà le reflux de la mer.

Ce n'est pas ici le lieu de raconter en détail leurs courses dévastatrices. Il nous suffit de dire que, de l'an 841 à l'an 851, ces barbares, revenant sans cesse à la charge et massacrant ou dispersant les troupes qu'on leur opposait, se rendirent maîtres de la ville de Bordeaux ; qu'ils se répandirent comme un torrent sur tous les points de la Gascogne occidentale, où ils saccagèrent les cités et les bourgs, les églises et les monastères, et qu'un instant retenus en Bigorre par la valeur de nos Basques, ils n'en furent que plus acharnés à la ruine et au carnage, dans les diocèses de *Benearnum*, d'Oloron et de Labourd, ainsi que nous l'apprend le cartulaire de Bigorre (1).

Pour ne parler que de la cité de Labourd, on voit par ce cartulaire que les Normands, non contents d'exterminer les hommes par le fer ou la faim, démantelèrent « les tours « et les murs de défense, livrèrent aux « flammes les basiliques, les oratoires, les

______

(1) *Hist. de Lang.*, édit. Du Mége, T. 2. *Addition,* pages 70 et 71.

« plus humbles chapelles, renversèrent les
« autels, profanèrent les tombeaux des saints
« et dispersèrent leurs ossements. » En un
mot, conclut le pieux chroniqueur, « telle
« fut la désastreuse confusion de tout le
« pays des Basques (*Vaccæorum*), qu'on ne
« peut la comparer qu'à l'extermination
« de Jérusalem et de la Judée au temps
« des Machabées » et du cruel Antiochus.

Le cartulaire de Lescar ajoute qu'après
cette navrante catastrophe « les sièges de
« la Gascogne (occidentale) furent en oubli
« pendant beaucoup de temps, par la raison
« qu'aucun évêque ne put en prendre pos-
« session (1). »

Cette dernière circonstance nous porte à
croire que la grande calamité de Labourd
n'eut lieu que vers l'an 850, puisque nous
avons vu son évêque à Auch en 845. Sedatius aura été l'un des martyrs de la persécution normande, et après lui l'évêché resta
vacant.

(1) Et sedes Vasconiæ fuerunt in oblivione multis
temporibus, quia nullus episcopus in eas in-
troïvit. *Apud Marca*, liv. 1, cap. IX, 8,

Au surplus, les barbares du nord parurent se plaire à régner sur les ruines qu'ils avaient accumulées eux-mèmes. Au début de leurs expéditions, ils ne faisaient que passer dans les contrées qui attiraient, tour à tour, leurs glaives et leurs torches. Chaque automne les ramenait avec leur butin dans les golfes de la mer Baltique, d'où ils s'élançaient de nouveau au retour du printemps. Peu à peu, on les vit s'attacher à nos côtes, s'y fixer en nombre plus ou moins considérable, et, en attendant leur grand établissement aux bouches de la Seine, s'assurer le long de l'Océan des ports de refuge qui ne tardaient pas à devenir leurs forteresses et leurs arsenaux.

C'est ainsi que la cité de Labourd fut l'une des meilleures conquêtes de ces pirates redoutés. De là, ils dominèrent tout le golfe de Gascogne, dont ils écumaient, comme on l'a dit énergiquement, les plus hautes eaux et les plus petites anses. De là, aussi, ils tenaient en respect les rares débris de la population, dispersée dans l'intérieur des terres. Bien entendu qu'ils établirent leur

religion au sein de la ville, dont ils avaient
relevé l'enceinte pour eux seuls. Alors, il
y eut deux cultes en présence : à la campagne, le christianisme, hélas ! bien affaibli
par les malheurs du temps; et, dans la ville,
le culte de Teutatés et d'Odin, que saint
Léon devait y trouver triomphant, y attaquer avec zèle, et y détruire avec un admirable succès.

VII

Époque de l'Apostolat de saint Léon ; un mot sur sa légende

Nous voici parvenus à l'époque où doit se
placer la mission de votre glorieux apôtre.
Tel est le sentiment à peu près universel.
Seul, ou presque seul, M. Jules Balasque
fait remonter cette mission jusqu'aux temps
apostoliques, et semble vouloir faire de saint
Léon un compagnon, ou du moins, un disciple de saint Saturnin de Toulouse. Nous regrettons sincèrement de ne pouvoir pas
adhérer à son opinion ; nous le regrettons
d'abord parce qu'il est toujours pénible de

se trouver en désaccord avec un esprit éminent, et puis parce qu'il nous serait bien
doux de contempler sur le front du saint
martyr l'auréole des siècles primitifs. Mais
nos regrets ne sauraient infirmer les droits
de la saine critique. Osons dire ici qu'ayant
traité la question avec M. Balasque lui-même,
dans des conversations affectueuses, nous
l'avons vu se prendre modestement à douter
de sa propre érudition et ne plus présenter sa manière de voir que comme une simple conjecture.

Il appuie sa conjecture sur un raisonnement et sur l'autorité du vieux bréviaire de
Bayonne.

Son raisonnement consiste surtout à dire
qu'à la fin du ixᵉ siècle il n'était pas besoin
de venir évangéliser un pays où l'Evangile
florissait depuis plus de 500 ans; mais, après
ce qu'on vient de lire au précédent paragraphe, cet argument est sans valeur, puisqu'il résulte de tous les faits généraux de
notre histoire religieuse du sud-ouest que
le christianisme venait de subir les plus
terribles désastres, dans toute la contrée qui

excita le zèle de saint Léon, c'est-à-dire la
ville et le diocèse de Bayonne, y comprises
les quatre vallées espagnoles de la frontière. Et qu'on ne dise pas que l'apôtre aurait
dû savoir plusieurs langues pour prêcher à
quatre ou cinq nations différentes « Gas-
« cons, Eskualdunais, Normands, Espa-
« gnols et Arabes. » Cette difficulté ne
compte pas dans les annales des missions
catholiques, et le zèle a toujours su y pour-
voir, autrefois comme de nos jours encore,
sur tous les points du monde. On verra
d'ailleurs, dans le cours de l'histoire, que
saint Léon était en mesure de répondre à
tous les besoins de sa mission (1).

Quant à l'autorité de l'ancien Bréviaire,
dont M. Balasque a très élégamment tra-
duit la légende, il suffit de dire : 1° que
cette légende ne dit rien de positif touchant
l'époque de saint Léon et qu'il a fallu arguer
de son silence pour en tirer une simple con-

____

(1) Il n'y avait, en réalité, que deux peuples à
convertir : les Normands dans la ville, et les Basques dans les vallées ; les Normands *idolâtres*, et
les Basques *catholiques dégénérés*.

jecture ; 2° que cette même légende n'est, à proprement parler, que l'abrégé d'une autre, beaucoup plus étendue, qui, elle, fixe l'époque et les dates dans le sens de notre chronologie.

Ces deux légendes, ou, comme les appellent les Bollandistes, ces deux *Vies* de saint Léon, se complètent et se rectifient mutuellement. Nous les avons prises pour guides, et nous déclarons avoir constaté que, si on les rejetait absolument, tout serait bouleversé, et dans les traditions locales et dans une foule de documents publics. Elles ne nous ont paru en faute que sur des points très secondaires, quelques noms propres, par exemple ; erreurs légères, qui peuvent être mises sur le compte des copistes du Moyen-Age. A s'en tenir au fond des récits, c'est quelque chose de frappant que l'harmonie qui existe entre les faits principaux de la légende de saint Léon et les données générales de l'histoire. Nous avons trouvé, dans la légende, des lumières suffisantes pour dissiper certaines obscurités de l'histoire et, réciproquement, l'histoire nous a fourni l'explication toute naturelle de certaines étrangetés qui étonnent, au premier coup d'œil, dans la naïve rédaction de nos légendes.

Or, répétons-le, de l'étude approfondie de ces deux documents spéciaux, il suit que l'apostolat de saint Léon ne peut être fixé qu'à la fin du neuvième siècle. Ajoutons que les Bollandistes, ces savants auteurs des *Acta Sanctorum*, ont donné place aux deux légendes dans leur immense recueil, et que, loin d'en contester la valeur, ils en expliquent les passages douteux avec autant d'équité que de bienveillance (1).

Cependant, nous ne voulons pas dissimuler ici que Denys de Sainte-Marthe, auteur de la seconde édition de la *Gallia Christiana*, loin de partager ce sentiment, n'hésite pas à traiter de *fables* nos traditions bayonnaises les mieux accréditées ; c'est ainsi, du moins, qu'il s'exprime dans son premier volume. Mais, outre qu'il est moins affirmatif dans le neuvième volume, quand il

(1) *Acta Sanctor.*, t. 7, 1. Martii.

doit mentionner de nouveau saint Léon, à propos du diocèse de Rouen, nous nous contenterons de dire, avec respect, que le premier volume de ce magnifique ouvrage est bien au-dessous des suivants, surtout en ce qui concerne la province d'Auch. Cette partie fourmille de lacunes, d'inexactitudes et d'erreurs matérielles sans nombre, ce que nous attribuons à l'insuffisance des collaborateurs que le pays avait pu fournir à l'auteur (1). En tout cas, ceux qui connaissent le travail des Bollandistes comprendront sans peine que, sur la question présente, nous donnions la préférence à leur autorité plutôt qu'à celle même de Denys de Sainte-Marthe, qui, du reste, n'a pas d'autre tort, à nos yeux, que de n'avoir pas eu en mains les pièces officielles et les titres de nos archives (2).

(1) Nous parlons ici de l'édition en 12 vol. et non de l'édition en 4 vol., publiée par Scévole et Loüis, oncles de Denys de Sainte-Marthe.

(2) Nous espérons que le *supplément* de la nouvelle édition de la *Gallia christiana* traitera notre bien-aimé saint Léon avec plus de faveur que la

A nous donc, les deux légendes du Saint. Mais, comme nous écrivons pour les personnes instruites, nous croyons leur être agréable en établissant, avant de clore le débat, la vraie valeur historique de ce genre de documents et en répondant aux reproches dédaigneux de ceux qui, de nos jours, ont voulu flétrir l'école qu'ils appellent *légendaire*, parce qu'elle recourt, au besoin, à certaines légendes.

VIII

Quelques Réflexions sur la Va'eur historique des Légendes.

Il y a légendes et légendes; la plupart des récits que la littérature contemporaine gratifie de ce nom ne le méritent que très-improprement, du moins dans le sens primitif du mot. La légende proprement dite,

première ; car, nous savons que le R. P. *Dom Piolin*, chargé de préparer ce supplément, recueille, avec soin tous les documents de notre pays, les plus propres à rectifier les erreurs involontaires de ses illustres devanciers.

legenda, nous vient des premiers âges de l'Eglise, et signifie simplement *une chose à lire, une lecture à faire* « dans l'Assemblée des fidèles. »

Il ne s'agit donc pas ici de ces contes qui charment les soirées du peuple autour du foyer domestique, particulièrement dans les campagnes. Ces contes de sorciers et de fées, ces récits presque toujours superstitieux ont passé de bouche en bouche, d'une génération à l'autre, n'ayant peut-être, à l'origine, que l'autorité d'un apologue ou d'une parabole, mais se revêtant, d'âge en âge, de je ne sais quel manteau mystérieux qui, sous une couleur toute locale, leur donne une sorte de grandeur épique. On en a recueilli, de nos jours, un bon nombre, et, à ce travail d'investigation, nous devons, entre autres, les légendes des *Sept péchés capitaux* et celles des *Commandements de Dieu,* par M. Collin de Plancy. Mais c'est à tort qu'on donne le nom de légendes à des récits de ce genre, par la raison toute simple qu'ils ont traversé les siècles sans être écrits et par conséquent sans être *lus*. Protestons surtout contre l'appellation de *mythologie chrétienne ;* c'est un non-sens, si ce n'est pas un blasphème, puisque la vraie religion ne les admet à aucun prix, ni sous aucun prétexte.

Il ne s'agit pas non plus de ces légendes, purement littéraires, qui, depuis l'archevêque Turpin (vers 800) et ses mille imitateurs jusqu'à Walter-Scott et Alexandre Dumas, occupent une si grande place dans les lettres humaines et que l'on nomme très justement des *romans historiques.* Ils sont historiques en effet par le choix de l'époque, le nom des personnages principaux, la peinture générale des mœurs et les exploits qui en ont fourni la trame ; mais ils ne dissimulent même pas leur caractère romanesque, qui resplendit dans les anachronismes avoués, les scènes aventureuses et les exagérations palpables. Il est toujours facile de discerner, dans ces œuvres, le peu de vérité qui s'y trouve d'avec les faussetés qui les inondent. Après un long examen, on n'en tire presque rien pour l'histoire.

Enfin, l'amour de la vérité et une critique exacte nous empêchent d'admettre sans réserves un certain nombre de compositions qui, sous le nom de *vies des saints* et même de *légendes*, se sont introduites dans la littérature religieuse dès le dixième siècle, où l'on vit Siméon Métaphraste (1) défigurer les actes des confesseurs et des martyrs en les *amplifiant* avec tout le luxe de son imagination orientale du Bas-Empire. Vers la fin du treizième siècle, Jacques de Vorase ou Voragine, dominicain, publia la fameuse *Légende dorée*, qui n'est pas aussi fautive qu'on le croit communément, mais qui mérita néanmoins d'être répudiée par le général même de l'ordre de Saint-Dominique, à cause de ces trop nombreuses amplifications, qui étaient devenues comme une

(1) Siméon Métaphraste, ou l'*amplificateur*, né à Constantinople, dans le xe siècle, fut secrétaire et ministre des empereurs Léon et Constantin, à la prière desquels il fit un recueil de *Vies des saints*, qu'il broda, dit Feller, d'une manière excessive, non toutefois, ajoute Bergier, sans avoir puisé pour le fonds aux meilleures sources.

pieuse manie des jeunes écrivains du Moyen-Age. Mais nous devons constater que ces compositions étaient plutôt des exercices littéraires que des ouvrages historiques. On les lisait dans les écoles, jamais dans les offices ; elles pouvaient trouver place dans la bibliothèque des monastères, jamais au chœur et parmi les livres de la Liturgie. Aussi la critique moderne a-t-elle pu en faire justice et n'en admettre les récits que sous bénéfice d'inventaire. Beaucoup de légendaires de cette catégorie ont vu leur autorité succomber à l'épreuve. Il en est peu cependant qui, sur un point ou sur un autre, n'aient pu fournir de bons renseignements à l'histoire la plus sérieuse. En un mot, la *Légende dorée* et les écrits analogues n'ont aucune autorité officielle ; elles ne valent que ce que leur auteur vaut personnellement.

Il n'en est pas de même de la vraie légende, de celle que nous voulons justifier ici, et que nous appellerons *liturgique*, pour mieux exprimer son caractère spécial. Celle-ci s'impose à nos respects autant par son origine que par l'autorité qui nous la présente.

Examinons comment elle est née et d'où elle nous vient. Mais, avant tout, rappelons le sens du mot *légende* : c'est une *lecture à faire* publiquement ; et puisqu'il s'agit de la légende *liturgique*, c'est une lecture à faire dans le cours des cérémonies et des prières de la *liturgie*.

Aux premiers jours du christianisme, les souverains pontifes et les évêques prirent soin d'écrire ou de faire écrire les *Actes* des martyrs, c'est-à-dire le récit des supplices et de la mort de ces héros de la foi. Le second successeur de saint Pierre sur le siége de Rome, saint Clément, nomma douze notaires chargés de cette rédaction ; et plus tard saint Anthère, pape, fut martyrisé lui-même pour avoir *recueilli* les anciens actes de ce genre et les avoir *cachés* dans l'église (1). Dans les provinces, les évêques eurent aussi des rédacteurs officiels, et l'on regarde

(1) Voir *Brev. Roman.* aux fêtes de ces deux Papes.

saint Irénée comme l'auteur principal des actes des martyrs de Lyon envoyés aux églises de l'Asie-Mineure. Or, toutes ces rédactions étaient destinées à être lues, dans les assemblées chrétiennes, après quelques passages ou *leçons (lectiones)* des prophètes, des évangélistes et des apôtres.

Lorsqu'à la fin des persécutions, on put donner une forme définie aux prières liturgiques, on ne manqua pas d'y faire entrer ces édifiantes lectures; elles furent plus particulièrement réservées au livre propre des prêtres et des religieux, nous voulons dire, au *Bréviaire*. Chaque jour eut son saint, et chaque saint eut sa légende; et comme chaque diocèse avait à honorer quelques saints qui lui appartenaient par leur naissance ou par leur mort, il y eut partout des légendes locales récitées, à leur jour, dans l'office divin, sous la direction du chef de chœur (1).

(1) LEGENDA, LEGENDARIUS : *Liber acta Sanctorum per anni totius cursum digesta continens*, sic dictus quia *certis diebus legenda* in ecclesiis et in sacris synaxibus designabantur à *moderatore chori*. (Ducange, *Glossar.*)

Rédigées par des écrivains officiels et assez souvent par l'évêque lui-même, ces légendes subissaient le contrôle le plus sérieux, celui de tout un clergé qui, tenu à les lire, ne pouvait les admettre qu'après en avoir vérifié l'exactitude, au moins dans l'ensemble, d'après la tradition commune et des témoignages imposants (1).

Telles sont les garanties de la *légende liturgique*, qui, pour l'Eglise, est la seule et vraie légende, proprement dite. Est-il une histoire quelconque de l'antiquité qui ait été soumise à une pareille révision? Qu'on ne s'étonne donc pas de la confiance que nous inspire, sauf les droits ordinaires de la critique, ce genre de documents et de l'usage que nous en faisons dans le présent écrit.

(1) Saint Braulion, évêque de Saragosse, au viie siècle, avait composé une *Vie* de saint Emilien, moine et confesseur, pour *être lue*, dit-il, à la Messe, le jour de sa fête. Mais, avant de l'insérer dans la Liturgie de son église, il voulut qu'un savant ami, le prêtre Frominien, l'examinât et *l'amendât* au besoin. (*Patrol.* de Migne, t. 80, col. 700 et 701.)

Notre légende de saint Léon est certainement liturgique. Nous tâcherons plus tard
d'en découvrir les auteurs ; mais, en attendant, nous pouvons affirmer qu'elle se rat-
tache, de temps immémorial, au culte du
bienheureux Martyr, l'un des patrons les
plus populaires que l'on connaisse, puisqu'elle faisait partie d'un office spécial,
avec une messe du même Saint, manuscrite
et notée, qui se conserve encore dans la
bibliothèque de la ville, et qui est du XIV⁰
siècle. Au XVIᵉ siècle, elle fut extraite des
livres de chœur du chapitre de Bayonne ;
les archives départementales de Pau sont
en possession d'une copie collationnée de
cet extrait. Enfin, nous avons déjà dit, sur
la foi de M. Balasque et du Guipuzcoan
Isasti, que la petite légende de saint Léon
se trouvait dans un *vieux bréviaire* en parchemin, très probablement antérieur à l'in-
vention de l'imprimerie (1).

(1) *Etud. histor.* t. 1, p. 20. On a vu plus haut
qu'il existe deux légendes de saint Léon, l'une
plus courte, l'autre plus longue, mais se confirmant et se complétant l'une l'autre.

Encore une fois, nous suivons la légende de saint Léon, sous ses deux formes, telles que nous les offrent les savants Bollandistes. Voudrait-on lui faire un grief du *merveilleux* qu'elle renferme ? Certes, nous ne présentons pas les quelques miracles qu'on va lire comme des articles de foi ; l'Eglise seule a le droit de les déclarer authentiques. Mais nous disons que le surnaturel est de l'essence même de la religion. L'histoire authentique de tous les saints nous y a depuis longtemps accoutumés ; les *Acta Sanctorum* en sont comme un monument gigantesque, ce qui n'empêche pas ce grand ouvrage d'être tout à la fois un modèle de sage critique et l'une des sources les plus pures de l'histoire.

FIN DE L'INTRODUCTION.

P. S. Sans oublier que *Lapurdum* était le nom officiel de notre ville jusqu'au milieu du xiie siècle, nous croyons devoir employer de préférence, dans la *Vie de saint Léon,* celui de *Bayonne,* qui, du reste, était probablement déjà le nom populaire, ainsi que nous l'avons expliqué dans un paragraphe précédent.

SAINT LÉON
APOTRE DE BAYONNE

SA VIE [*]

—

CHAPITRE PREMIER

**De la naissance de saint Léon, de sa famille
et de ses premières années.**

Comme la plupart des hommes apostoliques, saint Léon fut étranger par sa naissance au pays qu'il devait arroser de ses
sueurs et de son sang. Prédestiné à mourir
sous le beau ciel de nos Pyrénées, il naquit
à l'autre extrémité de la France, dans cette

[*] Voir, dans les *Acta Sanctorum*, tome 7
(outre les deux *Vies* de saint Léon que nous repro-
duirons à la fin de ce volume), le *Commentaire pré-
liminaire* des Bollandistes, pages 89-94, et les
diverses *notes* qui accompagnent les deux *Vies*.

contrée brumeuse qu'on nomma plus tard la Normandie, et qui s'appelait alors du nom de Neustrie, ayant *Rotomagum*, ou Rouen, pour métropole (1).

C'était vers le milieu du neuvième siècle. Déjà les Scandinaves, ces terribles matelots du Danemark, de la Norwége et de la Suède, si connus dans les vieilles chroniques sous le nom de Normands, ou hommes du Nord *(North-Mann)*, avaient commencé leurs invasions dans toutes les provinces maritimes de l'ancienne Gaule. Ni flots en courroux, ni rochers menaçants, ni côtes dangereuses, rien n'arrêtait leurs vaisseaux, ou, pour mieux dire, leurs barques allongées, plates et généralement sans voiles. « La tempête, » disaient-ils dans leurs chants, « aide le bras de nos rameurs; « l'ouragan est à notre service et nous jette

(1) La *Neustrie* est représentée, aujourd'hui, par cinq *départements* : la Seine-Inférieure, l'Eure, l'Orne, le Calvados et la Manche ; et par cinq *diocèses* : Rouen (archevêché), Bayeux, Evreux, Séez et Coutances. Il y avait avant la Révolution, deux évêchés de plus : Lisieux et Avranches.

« où nous voulons aller. » Ils allaient ainsi d'un littoral à l'autre, saccageant sans merci tout ce qui se rencontrait sur leur passage, brûlant les villes, les châteaux et les églises, mettant à mort ou traînant en esclavage ceux qui ne trouvaient pas leur salut dans la fuite, et n'abandonnant une contrée que pour y retourner bientôt avec de nouvelles forces et de nouvelles fureurs.

L'embouchure de la Seine venait de les attirer en Neustrie. Rouen avait péri dans les flammes (841), et de là ces Barbares s'étaient précipités snr toute la province pour y exercer d'affreux ravages. Ils y revinrent en 845 ; et cette fois, remontant la Seine jusqu'à Paris, ils se rendirent maîtres de cette capitale et la pillèrent. Puis ce fut sur les bords de la Loire, de la Garonne et de l'Adour qu'ils portèrent leur rage, mais sans abandonner tout-à-fait les rives de la Manche et le riche bassin de la Seine, qui resta le théâtre privilégié de leurs sanglants exploits (1).

(1) Voir plus haut l'*Introduction*. paragraphe 6e, pages 40 et suivantes.

Saint Léon naquit, au milieu de ces désastres, en l'an de grâce 856, d'après notre légende, qui nous indique, comme lieu de sa naissance, la petite ville de Carentan, à l'entrée d'une presqu'île dont Cherbourg est devenu le boulevard maritime.

Carentan est, aujourd'hui, une ville d'environ 3,000 âmes, simple chef-lieu de canton dans l'arrondissement de Saint-Lô (Manche) et du diocèse de Coutances. Elle est située sur la rive gauche de la Taute et non loin de la mer. Appelée *Carentonum-Unellorum* au temps des Gallo-Romains, elle joua au Moyen-Age un rôle assez important, dans la lutte entre la France et l'Angleterre, et se distingue encore par son église, édifice remarquable du xive au xve siècle. Mais ne craignons pas de dire que sa plus pure gloire lui vient de ce qu'elle a donné le jour à l'Apôtre de Bayonne, dont elle a fait son *patron secondaire*. On montre encore dans une de ses rues la maison où saint Léon est né. Sur sa façade extérieure, cette maison est évidemment moderne; mais, sur la cour intérieure,

règne un corps de bâtiment qui paraît n'a-
voir subi aucun changement notable : c'est
là que se trouve une chambre qui a toujours
été regardée comme celle où notre Apôtre
est né, et que les vieux titres de propriété
désignent sous le nom de *Chambre de saint
Léon*, nom que le peuple lui conserve toujours, depuis même qu'elle est devenue un
magasin de marchandises (1).

On connaît le nom de la mère de saint
Léon : elle se nommait *Alicia,* ou Alix. Le
nom du père ne nous est point parvenu.
Etait-il le seigneur du lieu?... Nous savons
du moins que, comme sa femme, il était
d'une haute noblesse, et que, l'un et l'autre,
donnaient l'exemple des mœurs honnêtes
et chrétiennes (2).

(1) La maison natale de saint Léon appartient
à la famille Amiard, qui tient à lui conserver son
ancienne dénomination, trop heureuse de posséder
un pareil souvenir. — Nous devons ces précieux
détails à M. le curé de Carentan, qui a bien voulu
(et nous l'en remercions cordialement) nous les
faire parvenir par M. l'abbé Dubois, son digne
vicaire. (Lettre du 8 février 1872.)

(2) Hi namque multa generis nobilitate et morum
honestate pollentes, etc. *Bolland.*

D'heureux présages accompagnèrent la naissance du Bienheureux. Une nuit que sa mère était en oraison, suivant son habitude, une pure lumière ayant éclairé la chambre, elle entendit la voix d'un Ange lui annonçant qu'elle enfanterait un fils dont la sainteté devait profiter au peuple; et, quand l'heure de la délivrance fut venue, elle le mit au monde sans douleur.

Léon eut deux frères, Philippe et Gervais, appelés aussi à la sainteté, et dignes de le seconder dans son futur apostolat, ainsi qu'on le verra bientôt. Digne lui-même d'être leur aîné, il étonna sa propre famille par une vertu précoce; encore tout petit enfant et « à peine sorti du berceau, il affligeait son corps par l'abstinence et par le jeûne (1); » il veillait avec un soin extrême sur son innocence, et se plaisait à chanter fréquemment les louanges du Seigneur.

(1) *Ortus itaque puer nobilis ab uberibus matris, corpus suum... jejuniis et abstinentiâ afflixit atque omnium morum compositione ornavit.*

C'est ainsi que le bienheureux Léon laissa couler pieusement les dix ou douze premières années de sa vie, sous l'œil émerveillé de ses vertueux parents. Mais ceux-ci durent bientôt se séparer de lui pour et tempérer aux vues généreuses d'un royal protecteur.

Ce changement de fortune mérite quelques explications, que nous emprunterons aux Bollandistes.

L'héritage de Charlemagne se trouvait alors partagé entre deux petits-fils du grand empereur : Charles-le-Chauve régnait dans la France proprement dite, en même temps que son frère, Louis, était roi de Germanie ou d'Allemagne. C'est dans le royaume de Charles que les Normands exerçaient leurs déprédations. Mais ce prince, trop différent de son aïeul, et dont on a pu dire (1) qu'il était « plus puissant que digne de l'être... plus avide de conquêtes que propre à régir et à défendre ses états, » ne combattait les Barbares qu'avec une extrême mollesse,

____

(1) Feller, *Dictionn. hist.*, art. *Charles-le-Chauve.*

tandis qu'il se montrait fort dur envers ses sujets. Les seigneurs de la Neustrie, voyant leur pays ravagé par les pirates sans aucune protection efficace du souverain, s'adressèrent, dans leur désespoir, au roi de Germanie, et lui offrirent la couronne s'il daignait venir à leur secours. Après quelques hésitations, Louis le *Germanique* accéda aux instances qui lui étaient faites, et se laissa donner le nom de roi des Neustriens (1). Il se mit en mouvement à la tête d'une nombreuse armée. Arrivé dans le Perthois, en Champagne, il vit accourir auprès de lui les seigneurs conjurés, parmi lesquels nous devons signaler le père de saint Léon, avec toute sa famille (2).

C'est ainsi que s'expliquent la présence

(1) Et non pas des *Normands,* comme dit à tort la légende, anticipant de plus de 40 ans sur la marche des évènements, qui ne faisaient encore que se préparer et qui ne devaient changer que plus tard les dénominations géographiques.

(2) La guerre n'éclata pas néanmoins entre les deux rois, grâce à l'heureuse médiation des évêques.

soudaine de notre Bienheureux à la cour
de Germanie et la nouvelle destinée que lui
réservaient les bontés du roi. En effet,
Louis, qui avait su distinguer le père entre
ses plus fidèles serviteurs, ne tarda pas à
être instruit de tout ce qu'on disait des rares
qualités de l'enfant ; il voulut que ses parents
lui présentassent cette merveille de petit
saint (1). Léon avait alors 12 ans, et il
méritait qu'on lui appliquât ce que l'Evangile a dit de l'Enfant Jésus : En croissant
en âge, il avait cru en sagesse et en grâce
devant Dieu et devant les hommes. Louis-
le-Germanique ne put s'empêcher d'admi-
rer, sous les traits enfantins du fils d'Alicia,
un air de rare modestie et d'aversion tran-
quille pour tous les plaisirs mondains ; il
fut surtout frappé de reconnaître en lui
« les plus ardentes aspirations vers la patrie
céleste, » et aussitôt il résolut de se charger
lui-même de l'éducation d'un sujet si plein

(1)...Tanquam admirandum spectaculum Ludo-
vicus Normannorum (*lege* Neustriorum) et Ger-
manorum Rex ipsum sibi fecit duodennem à paren-
tibus præsentari.

des meilleures espérances. Il offrit donc au père et à la mère de Léon de l'envoyer faire ses études à Paris aux frais du trésor royal ; et les parents ne purent qu'y consentir, avec autant de piété que de reconnaissance, accoutumés qu'ils étaient à suivre les prévenances de la bonté divine envers leur bénit enfant.

CHAPITRE II

Etudes de saint Léon et son entrée dans le clergé de Rouen.

La ville de Paris ne possédait pas encore cette brillante Université, qui fut, dans le Moyen-Age, le foyer principal de la science catholique, pour l'Etat aussi bien que pour l'Eglise. Mais on sait que Charlemagne avait fondé une véritable Académie, dont il voulut être lui-même le disciple et où se formèrent tous les savants de l'époque, sous la direction de l'illustre Alcuin. Cette Académie porta le nom d'*Ecole du Palais*, parce qu'elle faisait en quelque sorte partie de la Cour du grand Empereur et qu'elle était à ses yeux la première institution d'un bon gouvernement. Son fils, Louis-le-Pieux, y avait reçu les leçons des meilleurs maîtres, et, quand il monta sur le trône, il se plut aussi à y attirer de nouveaux professeurs d'Angleterre, d'Écosse, de toutes les parties du monde chrétien. Ce fut lui qui la fixa définitivement à Paris.

Charles-le-Chauve en devint à son tour le zélé protecteur. Au temps de saint Léon, il venait d'y appeler le célèbre Jean Scott, ou l'*Erigène*, qui passait pour un homme docte entre tous, et l'essor des études y augmenta considérablement. L'évêque actuel de Paris était sorti de cette école ainsi qu'Hincmare, archevêque de Reims, et les plus savants prélats de l'époque. A la vérité, les irruptions normandes y avaient, quelques instants, troublé les études ; mais elles étaient entièrement ranimées quand saint Léon y arriva, et le calme y régna suffisamment pendant toute la durée de son séjour.

Notre jeune Neustrien se trouva, dans la première école du monde, mêlé à de nombreux condisciples que la gloire de cette académie y attirait de toutes parts. Simple et modeste, il ne songeait qu'à faire de solides progrès dans la vertu et dans la science. Mais son humilité ne devait pas longtemps soustraire son mérite aux regards de tous. Chaque année était signalée, chez ce pieux élève, par des succès de plus en plus sérieux, et « à l'âge de 23 ans, il passait pour être « pleinement instruit, dit la légende, dans « les saintes Ecritures ainsi que dans les lois « civiles et canoniques. »

Ici le légendaire nous laisserait en un certain embarras, si nous n'étions pas autorisé à voir une erreur de copiste dans le texte que l'on produit. D'après la rédaction, telle que nous l'avons, il semblerait que saint Léon aurait prolongé son séjour à Paris bien au delà de sa vingt-troisième année, tandis que l'enchaînement des faits prouve, à lui seul, que, vers cet âge-là, il avait dû rentrer dans son pays natal. C'est la pensée d'un hagiographe moderne, le savant Du Saussay, qui nous le représente « admis dans le clergé de Rouen et là, con-

« duit par degrés à la dignité sacerdotale. »

Ne recherchons pas les raisons pour lesquelles Léon dut renoncer à son diocèse d'origine, celui de Coutances, pour s'attacher au diocèse de Rouen. Des raisons de famille purent l'y déterminer ; peut-être aussi la métropole usa-t-elle de son ascendant légitime pour se procurer un sujet si méritant.

Quoi qu'il en soit, c'est de son séjour à Rouen et dans la Neustrie que la légende veut évidemment parler, dans le passage suivant, où il y a deux mots à retoucher :

« Toujours appliqué à l'étude, le *jeune*
« Léon fut, dans sa patrie, comme à Paris,
« un modèle de bonnes mœurs et de poli-
« tesse *(honestate)*, au point que sa renom-
« mée se répandit bientôt dans toutes les
« contrées *(ubique terrarum)*. Et il ne faut
« pas s'en étonner ; car il était amplement
« doué du don de l'éloquence, d'une rare
« suavité dans les paroles, d'une grande
« pénétration d'esprit, d'une prudence
« extrême, brûlant de zèle et du saint
« amour de Dieu. Remarquable par sa haute

« stature, beau entre la plupart, il n'e
« pas moins le gardien fidèle de son i
« ruptible virginité (1). »

Qui ne voit qu'un pareil éloge est au
sus des qualités naissantes d'un simple
diant, si parfait qu'il soit, et qu'on doit
pliquer à un homme mûr, ou presque
à un prêtre même, déjà voué à la v
missionnaire, non dans les limite
l'école, mais dans la vaste étendue
diocèse ou même d'une province ? Q
voit dès lors qu'on a eu raison de pla
premier centre des travaux apostoliqu

(1) Insistens igitur puer ? (*lege*, juvenis
Parisius? (*lege forsan* Rhotomagi) studio, om
bonis moribus et honestate præbuit exem
quod ejus fama ubique terrarum parvo in te
evolavit. Nec mirum : erat enim fandi copiâ
stissime ditatus, eloquio suavissimus, ingenio
simus providentiâ providus, zelo et amore Dei
dus... staturâ procerus, inter plerosque pul
mus, aspectu decorus... perpetuæ virginatis e
— C'est la *grande* légende qui parle ainsi ; la
ne dit rien de cette première partie de la
saint Léon, si ce n'est qu'il *serait difficile d*
primer en paroles les choses remarquables.

saint Léon à Rouen et dans la Neustrie, où
en effet la légende nous le montrera tout à
l'heure devenu l'objet du plus haut témoignage de la confiance et de l'admiration
publiques? Mais qu'on nous permette, en
attendant, de donner quelques développements historiques à nos conjectures sur
ce point.

Restons encore en Neustrie : c'est là qu'on
vient de nous montrer Léon « brûlant de
zèle et d'amour de Dieu » *(zelo et amore Dei
fervidus)*. Il avait alors 25 ans au moins,
ce qui revient à l'an de grâce 880, ou environ. Or, à cette époque, la cité et la province
de Rouen étaient soumises au joug des
« hommes du Nord. » Ils se trouvaient là
sous les ordres d'un nouveau chef, nommé
Rollon, **qui** paraissait avoir résolu de se
fixer dans la vallée de la Seine, bien différent
en cela de ses prédécesseurs Hastings, Sige-
fred et Godefroi, qui, eux, simples coureurs
de mers, n'entraient dans les terres que
pour les dévaster et se retirer avec leur
butin. Rollon avait relevé les remparts de
Rouen (877), et, sans renoncer à toute expé-

dition nouvelle sur d'autres plages, il fit de cette ville son quartier-général ou, pour mieux dire, sa capitale ; elle devait lui appartenir un jour, sous la garantie d'un traité solennel (1).

Les Normands de Rollon étaient moins barbares que la plupart de leurs compatriotes. Il y avait même, parmi eux, un certain nombre de chrétiens. Quelques-uns avaient été baptisés sur les rives de la Baltique, avant de s'enrôler pour les expéditions lointaines. Un historien observe à cet égard que « les Normands qui avaient commencé à s'établir dans quelques endroits de la Neustrie ne paraissaient pas ennemis décidés de Dieu. Il semblait plus aisé de les convertir que de les vaincre ; car rien chez eux n'indiquait qu'ils fussent fort attachés à l'idolâtrie..... Doués pour la plupart d'intelligence et de pénétration, ils estimèrent la religion chrétienne dès qu'ils la connu-

(1) En 912, Charles-le-Simple céda à Rollon l'ancienne Neustrie, qui prit alors le nom de *Normandie* et forma un duché, sous la suzeraineté de la France, avec Rouen pour capitale.

rent..... Mais, par un reste de barbarie, ajoute le même auteur, en changeant de religion beaucoup ne changèrent pas de mœurs, et, continuant à vivre de rapines, ils déshonoraient la religion qu'ils venaient d'embrasser (1). »

Outre la population indigène éprouvée par trente années de guerres effroyables, le clergé de la province trouvait donc devant lui les soldats scandinaves qui, tout féroces qu'ils étaient, ne laissaient pas d'offrir une ample moisson au zèle évangélique. Or, comme notre Bienheureux était tout embrasé de ce zèle (2), nous aimons à nous le représenter s'appliquant à la conversion des Normands avec d'autant plus d'ardeur qu'il les savait plus portés à s'établir définitivement dans le pays.

Voyez-le donc parcourant les villes et les campagnes de la Neustrie, prodiguant à ses compatriotes désolés les lumières et les con-

(1) Jager, *Hist. cath. de l'Egl. de France*, liv. 18, tome 5, page 398.

(2) *Zelo ferventissimus*. Du Saussay.

solations de la foi, pénétrant avec un courage serein dans les campements épars des terribles enfants du Nord, pour soutenir les néophytes, instruire les catéchumènes, et gagner à Jésus-Christ tous ceux que le paganisme n'enchainait pas d'une manière invincible. Il apprit alors leur idiome qui, du reste, ne différait pas essentiellement, dit Buchez (1), de la langue primitive des Franks, du bas-breton et du gaélique: observation importante qui expliquera bientôt les rapides succès du Saint au pied des Pyrénées.

Qu'on ne trouve pas une amplification de fantaisie dans ce tableau des premiers travaux apostoliques de saint Léon. Il y a, nous l'avouons, des conjectures dans cette partie de nos récits ; mais ces conjectures coulent naturellement de l'histoire générale de l'époque, et peuvent seules jeter un jour décisif sur la vie du Bienheureux. C'est dans ses rapports avec les Normands que se trouve le vrai nœud de son

(1) *Encycl. du 19e siècle*, art. NORMANDS.

histoire, la plus claire explication de son apostolat à Bayonne. S'il est devenu l'apôtre de nos contrées, c'est qu'il l'était déjà des Normands. En dehors de ce point de vue, la suite des faits serait presque incompréhensible, au lieu que, par là, tout s'enchaîne et se justifie admirablement.

CHAPITRE III

**Comment saint Léon devint évêque
et puis apôtre de Bayonne**

D'après nos calculs, saint Léon habita la province de Rouen et y exerça son zèle sacerdotal jusque vers l'an 88.. Il était alors dans tout l'éclat de sa mûre jeunesse, à l'âge même où le Rédempteur du monde consommait sa mission divine ici-bas. Son zèle avait recueilli, dans la contrée, des fruits de grâce inexprimables ; nul ne saurait dire ni le nombre des chrétiens qu'il ramena aux pratiques de la religion, ni celui des barbares qu'il arracha au culte des faux dieux.

Ce fut en conversant avec les soldats de Rollon qu'il dut apprendre, d'une année à l'autre, les expéditions successives des Normands sur toutes les côtes de l'Océan, depuis les bouches du Rhin jusqu'au golfe de Gascogne. Il les questionnait et suivait avec douleur l'histoire de leurs sanglants exp'oits; et, comme on n'avait à lui raconter que des pillages d'églises, de monastères et de cités, son âme se troublait en pensant aux ruines religieuses que ces hordes farouches laissaient partout après elles. Combien il dut être ému, quand il apprit que Frothaire, archevêque de Bordeaux, avait été transféré par le pape sur le siége de Bourges, uniquement à cause des obstacles insurmontables que la présence des Normands lui créait dans son propre diocèse!

Il ne pouvait songer à une telle désolation sans verser des larmes amères. Mais son cœur fut brisé lorsqu'il sut que, depuis plus de trente ans, la Gascogne occidentale n'avait pas un seul évêque, et qu'à l'entrée de l'Adour se dressait fièrement la puissante forteresse des pirates qui faisaient trembler

au loin de malheureuses populations errantes, sans pasteurs, autour des montagnes
du Labourd et de la Navarre (1).

Son zèle s'enflamma bientôt à la pensée
des âmes qui périssaient, faute de secours,
dans ces régions dévastées. En quel état
pouvait se trouver la religion parmi des
peuples foulés aux pieds par les idolâtres du
Nord et cruellement rançonnés, il faut le
dire, par les seigneurs mêmes du pays,
ainsi que nous l'apprend une lettre du pape
Jean VIII à l'archevêque d'Auch (2)? Trop
fidèle imitateur du Sauveur des hommes
pour se borner à des larmes stériles, Léon
résolut d'aller combattre le démon sur son
horrible théâtre des bords de la Nive et de
l'Adour ; car il n'ignorait pas que les émigrés
scandinaves avaient fait de *Lapurdum*, non-
seulement une citadelle redoutable, mais
encore l'une des métropoles de leur idolâtrie.

Toutefois, le bienheureux Léon ne vou-

(1) Voir à l'*Introduction* le paragraphe VI.

(2 *Chronique d'Oloron*. t. 1, chap. 2, p. 109.

lut pas s'ingérer de lui-même dans cette mission périlleuse. Il écrivit au Souverain Pontife pour lui exposer son dessein et lui demander tous les pouvoirs apostoliques dont il avait besoin. Le Saint-Siége était alors occupé par Etienne V, qui régna de 885 à 891 et fut l'un des plus grands papes du Moyen-Age : « pontife de race noble » d'une charité et d'une piété admirables, « qu'il fallut arracher de sa maison pour le porter au trône, et qui s'appliqua sur toute chose à s'associer dans le gouvernement de l'Eglise les hommes les plus éclairés et les plus vertueux qu'il put découvrir (1). » On voit déjà jusqu'à quel point un pontife de ce caractère devait applaudir au dévouement de Léon, qui allait d'ailleurs lui être signalé comme un prêtre éminent par l'opinion publique la plus unanime.

On dit que le jour même où la lettre de notre Saint parvenait à Rome, il arrivait un messager portant au pape la nouvelle que le roi, le clergé et le peuple avaient élu

____

(1) FELLER, *Biogr. univer.*

pour l'archevêché de Rouen un digne prêtre, nommé Léon ; que celui-ci, dans son
humilité, s'opposait à cette élection, et qu'on
suppliait le Saint-Père de la ratifier.

Quoi qu'il en soit de cette circonstance,
qui ne nous est révélée que par un auteur
moderne (1), nous apprenons, de notre
vieux légendaire, que le souverain pontife
donna ordre au chancelier de lui envoyer
au plus tôt le saint personnage qui était
l'objet de si vives préoccupations. Empruntons la suite du récit à la même autorité :

« En vrai fils de l'obéissance, Léon partit
« pour Rome. Il y fut accueilli et traité
« avec tant d'honneur par le pape et tout
« le collége apostolique, qu'après quelques
« jours, quand on eut vu sa sainte conduite
« et entendu sa très-douce prédication, non-
« seulement il fut promu à l'évêché de
« Rouen, mais encore prié et conjuré par
« tout le clergé de Rome d'aller, au nom
« du Christ, sur les confins d'Espagne
« *(Hispaniarum partes)* soumettre à la dis-

____

(1) Farin, *ap. Bolland.*

« cipline de la foi *ce peuple qui*, aux termes de la légende, « *n'avait point de pasteur.* » On savait parfaitement, dans la capitale du monde chrétien, l'état religieux de nos contrées, tel que nous l'avons décrit plus haut.

C'est ainsi que la sagesse romaine concilia les aspirations du saint prêtre avec les vœux de ses compatriotes. Reçut-il la consécration épiscopale des mains du pape lui-même? Nous aimons à le croire. Dans tous les cas, il repartit de Rome « avec la bénédiction » du chef de l'Eglise et un double titre, celui d'archevêque de Rouen et celui de vicaire apostolique, ou d'*évêque régionaire*, comme on disait, dans les premiers siècles, pour désigner les prélats envoyés vers les pays infidèles, comme missionnaires et sans être préposés à un diocèse spécial.

Ici vient une question qui a donné lieu aux discussions les plus ardentes : savoir si notre saint Léon a été réellement archevêque de Rouen. Il nous plaît de ne pas éluder cette question, non pas qu'elle ait une très-grande importance, au point de vue de la mission du bienheureux apôtre auprès de nos ancêtres, mais parce que, si saint Léon fut archevêque de Rouen en même temps qu'apôtre de Bayonne, cela suffit pour établir une sorte de confraternité religieuse entre la Normandie et la Gascogne, deux provinces si longtemps unies l'une à l'autre par la réciprocité des intérêts maritimes et commerciaux (1).

Or, il nous semble que, malgré l'absence de saint Léon dans ses anciennes dyptiques, l'église de Rouen peut et doit accepter ce prélat que toutes les traditions bayonnaises lui attribuent de temps immémorial. Nos deux légendes sont, à cet égard, aussi formelles que possible, et l'on ne voit pas pourquoi ceux qui les ont admises et récitées, dans le cours des âges, se seraient trompés comme à plaisir, ou même auraient obstinément embrassé une opinion contraire à la vérité et à l'histoire.

(1) On trouvera quelques éclaircissements sur cette intéressante question dans la partie de cet ouvrage, où nous devons traiter du *Culte de saint Léon,* et en particulier de l'introduction de ce culte à Rouen et dans le reste de la Normandie.

Hâtons-nous de dire que le Saint-Siége n'a nullement hésité à consacrer nos traditions, non pas, il est vrai, du sceau de son autorité doctrinale, mais par une adhésion favorable. Une bulle de Clément X, *donnée à Sainte-Marie-Majeure, sous l'anneau du Pêcheur*, le 10 janvier 1675, appelle saint Léon *évêque de Rouen* et patron de la ville de Bayonne. Un si haut suffrage à, certes, une valeur plus qu'ordinaire, quand il s'agit de l'histoire des saints (1).

Mais on nous oppose le silence absolu des vieilles annales de Rouen. A cela, nous pouvons répondre d'abord que ces annales sont assez rares pour l'époque qui nous occupe, et que celles qui existent sont très incomplètes. Puis cet argument purement négatif tombe devant ce simple fait que beaucoup d'églises, celle de Rouen elle-même, ayant perdu les vieilles archives, n'ont pu reconstituer le catalogue de leurs évêques qu'à l'aide des documents étrangers et des renseignements fournis par des bibliothèques éloignées. On

(1) On trouvera cette Bulle à la fin du volume.

avoue que saint Léon nous est venu de la
Normandie : quoi d'étonnant que nous adop-
tions le récit de nos légendes, par rapport à
son épiscopat, avec autant de confiance que
pour ce qui concerne son origine ? N'est-ce
pas la même autorité dans les deux cas?

Mais, ajoute t-on, il n'y a pas de place
pour saint Léon dans les listes des archevêques de Rouen. C'est vrai si, comme
Oihénart et après lui Marca, on veut le faire
siéger en 900, année où siégeait un *Villo*,
ou *Guy*, qu'on a eu tort de confondre avec
notre saint Léon. Mais entre ce même Villo
et son prédécesseur *Jean*, on trouve un
intervalle suffisant, comme les Bollandistes
cherchent à l'établir. En effet, d'après Denys
de Sainte-Marthe lui-même, il n'est plus
question de l'archevêque Jean à partir du
concile de Mayence, tenu dans l'été de l'an
888 ; et l'archevêque Villo ne paraît dans
l'histoire, pour la première fois, que la veille
des calendes d'octobre 892 (1). Voilà donc

____

(1) *Gall. Christ.*, t. 9, col. 24. — *Hist. des Conc.*
par Mgr. *Héfelé,* t. 6.

quatre années, historiquement libres, où peut très bien se placer le court épiscopat de saint Léon ; c'est plus qu'il n'en faut pour tous les événements que nous allons raconter (1).

CHAPITRE IV

Comment le bienheureux Léon partit de Rouen et arriva aux portes de Bayonne

A peine rentré dans sa patrie, plein de joie et de courage parce qu'il était muni de la bénédiction du vicaire de Jésus-Christ, saint Léon s'occupa de régler les affaires de l'église de Rouen. Il nomma Jean Pahen son vicaire général et lui associa pour l'administration du diocèse un autre prêtre, du nom de Geoffroy *(Gaufrido).* C'étaient deux vieux amis *(concomitibus),* peut-être d'anciens condisciples, ou, mieux encore, de

(1) Un catalogue récent des archevêques de Rouen n'hésite pas à inscrire saint Léon entre Jean et Vitton, vers l'an 889. C'est la même date que nous assignons *(Voir l'Almanach liturgique de Rouen).*

fervents compagnons de ses premiers travaux apostoliques.

Bientôt après il leur confia son dessein,
leur faisant connaître la mission qu'il avait
reçue du souverain pontife, et il se disposa à
partir. Mais quels seront les auxiliaires de
sa périlleuse entreprise? Il les trouva dans
sa propre famille : Philippe et Gervais, ses
frères, s'offrirent pour l'accompagner. On
ne dit pas s'ils étaient prêtres ; mais cela est
probable, quoique incertain.

Ils partirent tous les trois, « à pied et
comme des pauvres, » dit la légende. On
ignore la route qu'ils suivirent d'abord, et
on ne trouve leurs traces qu'après qu'ils
eurent franchi la Garonne.

Entre la cité de Bordeaux et la vieille
forteresse de *Lapurdum* s'étend, sur un
espace de plus de trente lieues, une vaste
région stérile et souvent déserte, qu'on
appelle les *Landes*, pays sablonneux qui tend
à s'enrichir, grâce à ses jeunes forêts de
pins maritimes, depuis qu'une double voie
de fer le sillonne, mais qui, du temps de
saint Léon, n'offrait au regard attristé qu'une

végétation maigre et languissante, des steppes sans horizon et des dunes bouleversées par les vents de la mer (1). On y trouvait pourtant, çà et là, quelques villages perdus au milieu des déserts. Tel était celui de *Laboubeyre*, nommé *Faverio* par la petite légende et *Herbafelbaria* par la grande. Cette dernière dénomination nous fixe sur l'identité du lieu ; car on apprend de Compaigne que le village actuel de Labouheyre est appelé *Herbefabeyre* dans la vieille *coutume des Lannes*. Il est célèbre, dans nos contrées, par deux grandes foirés qui s'y tiennent chaque année, aux mois de juin et de septembre.

La voie romaine qui reliait Bordeaux à Pampelune et Astorga traversait le territoire de Labouheyre (2). Au nord de ce village commençaient la Gascogne occidentale et l'ancien pays des Tarbelliens. En y arri-

(1) Il paraît certain que le pin maritime croissait, dans nos Landes, dès les temps anciens, et qu'on n'a fait plus tard qu'en généraliser la culture.

(2) On aperçoit encore quelques vestiges de cette voie, aux abords du village.

vant, Léon et ses frères atteignaient l'un de ces malheureux diocèses, privés de pasteurs, que le saint-siége avait confiés à la charité du Bienheureux, dans les pays qui avoisinent l'Espagne. C'était déjà le diocèse de Dax, cette terre autrefois évangélisée par saint Vincent de Xaintes, et plus tard soumise à l'autorité d'Ezentius, l'ami d'Iscassicus, évêque de Labourd (1). C'était comme un avant-poste de Bayonne, et Dieu voulut que le saint évêque y recueillit les prémices de son apostolat.

A Laboulicyre, en effet, vivait une population assez nombreuse sous l'autorité d'un seigneur , nommé *Argarus*, ou Argar. Était-ce quelque fraction des troupes normandes, depuis quelque temps fixée dans ce quartier solitaire? Nous ne le pensons point, à cause de l'éloignement de la mer, qui était alors l'empire préféré des hommes du Nord. Nous ne croyons pas non plus que ce fût un débris des armées sarrazines qui envahirent plusieurs fois nos contrées, mais qui ne

____

(1) Voir l'*Introduction*, pages 23 et 24.

paraissent y avoir laissé que quelques familles éparses, longtemps connues dans nos villages sous le nom de *cagots*. Il est plus naturel d'y reconnaitre une peuplade de race indigène, que son isolement avait garantie contre les divers fléaux de l'époque, ou qui, fuyant loin des quartiers désolés par les invasions, était venue trouver une certaine sécurité dans ce vaste désert (1). On pourrait dire aussi, en se reportant aux mœurs du neuvième siècle, qu'Argar, ou son père, ou même son aïeul, s'étant rendus maîtres du pays à la faveur des incomparables désordres du temps, y avaient attiré de nombreuses familles de serfs et de colons pour l'exploitation de leur domaine seigneurial. Ce qu'il y a de certain, d'après les deux légendes, c'est que le peuple de Labouheyre n'était pas chrétien, ou du moins qu'il n'avait pas reçu le baptême. On sera bien aise d'avoir quelques explications sur cette particularité.

(1) Le nom d'Argar ou *Algar* se retrouve dans des villages et des familles du pays, sous les formes gasconnes d'*Augar*, *Auga*, *Dauga*, etc.

Qu'on sache donc qu'après les irruptions normandes, non-seulement nos évêchés restèrent sans évêques, mais que beaucoup de paroisses furent privées de leurs prêtres et même des religieux qui en faisaient auparavant la gloire et le bonheur. Cathédrale, églises, monastères, tout avait disparu ; et les rares ecclésiastiques qui n'avaient point péri sous le fer des barbares, disparaissaient à leur tour, ou de maladie ou de vieillesse, sans laisser des successeurs dans leur pénible ministère. Ainsi, les biens d'église se trouvèrent bientôt sans possesseurs légitimes et tombèrent, les uns après les autres, entre les mains de quelques seigneurs puissants et hardis qui se les approprièrent, comme biens abandonnés. C'est, pour un bon nombre de grands feudataires de la Gascogne, l'origine de leurs immenses fiefs. Or, que pouvaient devenir, par rapport à la religion, les peuplades éperdues, qui, sans prêtres, ne connaissaient aucun autre joug que celui de leurs barons, déshérités eux-mêmes de tous les secours de l'Eglise? S'il leur restait encore un fonds de foi chrétienne, elles devaient néanmoins en abandonner peu à peu les pratiques, et, vivant sans culte public, elles en venaient à ne savoir même plus administrer le premier des sacrements, le baptême (1).

Nous l'avons déjà dit, les habitants de Labouheyre n'étaient pas baptisés; mais ils se montrèrent dociles à la grâce qui venait les visiter. Argar et sa famille furent les premiers à écouter la voix du ministre de Dieu; puis vint le tour du peuple. Léon et ses frères les convertirent, ou, comme dit la petite légende, les « ramenèrent tous au service de Dieu, » (2) de sorte qu'après les avoir instruits « dans la vérité de la foi » ils purent leur conférer le baptême et voir fleurir dans ce village les plus belles vertus du christianisme.

Encouragé par ce premier succès, le saint apôtre reprit sa route vers les Pyrénées, avec ses deux frères. Jusque-là ils avaient

(1) Voir DEPPING, *Hist. des expéd. normand.*

(2) *Totum populum ad Christi cultum revocavit.*

été conduits sûrement par la *voie romaine* dont nous avons parlé. Mais cette voie fléchissait tout-à-coup sur leur gauche et les aurait menés, par Dax, à Garris et Saint-Jean-pied-de-port, tandis qu'ils voulaient aller droit à Bayonne. Ils se dirigèrent obliquement vers les bords de la mer, et, guidés probablement par quelques néophytes de Labouheyre, ils arrivèrent enfin auprès de Bayonne, en suivant, dit la légende, le « cours de l'eau » *ductu aquæ*, c'est-à-dire, si je ne me trompe, l'ancien lit de l'Adour, depuis le *Vieux-Boucau* jusqu'à l'embouchure actuelle (1).

Après avoir traversé le fleuve, saint Léon se trouva sous les murs de la cité objet principal de sa mission. Bayonne n'avait pas, à cette époque, l'étendue qu'elle a de nos jours. De même qu'au temps des Romains,

(1) Le chemin suivi par saint Léon est encore connu, dit M. Baïlacq, sous le nom de *Camin Roumiu*. De Bayonne, il allait à Magescq, Linx, Saint-Julien, Mimizan; et de là se dirigeait par deux branches, à l'est sur Labouheyre, au nord vers la Teste. (*Chron. de Bay.*, p. 14, note.)

elle n'occupait encore que le plateau supérieur où se trouve la cathédrale (1). Il y avait trois portes (2), dont la principale était au midi, à l'extrémité de la rue d'Espagne. Elle débouchait, non comme la porte, ou plutôt les portes actuelles qui décrivent un grand détour, mais directement, sans déviation, selon l'axe de la rue et droit au lieu où se dresse la croix de saint Léon.

C'est auprès de cette porte que les trois missionnaires se présentèrent, un peu avant la nuit. Mais il leur fut impossible de pénétrer dans la ville, parce que les habitants en fermaient les approches avant le coucher du soleil, à cause des Basques du pays, qui

(1) Voir l'*Introduction,* pages 15-16.

(2) De ces trois portes, l'une était au *nord* de la ville, donnant sur un embarcadère de l'Adour vers le milieu de la rue *Port-vieux ;* la seconde, appelée *Orientale,* dans le *Livre d'or,* devait être au milieu de la rue *Salie,* et conduisait au bord de la Nive ; la troisième était aux premières maisons de la rue d'Espagne, là où s'aperçoivent encore des restes du vieux rempart : c'est de celle-ci qu'il s'agit dans le texte.

leur faisaient une chasse continuelle, comme à des pirates sans foi ni loi.

Saint Léon et ses frères furent contraints de chercher un gîte sur la colline qui domine la ville, en face de la porte méridionale (1). Le serviteur de Dieu y construisit, dans un tas de pierres, une cellule où il se blottit, en disant : « Voici le lieu de mon repos; « c'est ici que j'habiterai, puisque tel est « mon choix. » Etait-ce un vœu, ou un pressentiment? L'un et l'autre peut-être : il y a, dans les saintes âmes, des secrets qui restent impénétrables jusqu'à l'heure de leur triomphe.

(1) Malgré les travaux du génie qui ont vingt fois remué les terres, autour de la porte d'Espagne, la colline, ou, comme dit la légende, le *monticule* dont il est question, se dessine encore suffisamment, par rapport à la Nive, qui se trouve en effet en contre-bas de plusieurs mètres, à une distance d'environ 300 pas, du côté de l'est. A l'ouest le monticule forme une petite plaine, avec de légères ondulations.

CHAPITRE V

Comment le bienheureux Léon convertit en ur premier jour des centaines de Bayonnais.

Saint Léon, parvenu au but de son voyage. se trouvait en présence de deux nations dis- tinctes. Dans la ville qui lui tenait ses portes fermées, vivait une population de pirates. comme la légende les nomme, mais qu'à leurs mœurs on reconnait bien vite pour des Normands. En effet, on nous les représente « parcourant les mers sur des navires et de « rapides barques appelées *galées*, vivan « de vol et de rapines (1). » Or, ces deux ca ractères conviennent parfaitement aux ma rins du Nord qui, depuis plus de trente ans avaient envahi la Gascogne et s'étaient fixés ainsi qu'on l'a vu plus haut, sur diverse côtes du golfe cantabrique. L'histoire con

______

(1) .... *Piratæ... qui maria cum galleis et na vibus furtis et rapinis vacantes...* — Sur le m gallea ou galea, voir Ducange, qui définit la chos par ces mots : *genus navigii velocissimi.* (Glossar

temporaine ne les a-t-elle pas montrés, déjà, bravant les tempêtes de l'Océan et ravageant toutes les terres où ils abordaient ? En vain quelques auteurs ont-ils voulu voir, dans ces pirates, des Sarrazins ou Maures d'Espagne ; les Maures de cette époque ne paraissent pas avoir eu des troupes de mer sur l'Océan, mais seulement dans la Méditerranée. D'ailleurs, nous verrons bientôt les pirates de Bayonne pratiquer l'idolâtrie et adorer le dieu Mars. Cette circonstance est décisive, puisque les disciples de Mahomet — et tels étaient les Maures — n'adorent qu'un dieu unique, repoussant avec horreur toutes sortes d'images ou de statues.

En dehors de la ville, le saint évêque avait à porter sa pensée sur des tribus indigènes ; les *Lapurtarrac*, ou Labourdins, l'une des familles basques depuis longtemps établies sur les sommets et dans les gorges de nos Pyrénées occidentales. Jules Balasque les dépeint à merveille, en ces termes : « Essentiellement adonnés, au fond de leurs âpres vallées, à la vie errante et pastorale, libres ou plutôt oubliés parce que leur sol aride

6

n'excitait pas l'envie, les paysans labourdins persistèrent à garder intact le dépôt de leur langue et de leurs coutumes (1). » Toutefois, ces généreuses peuplades n'avaient pas échappé entièrement à la férocité des Normands, qui, non contents de porter les ravages au loin et surtout le long des rivières, avaient détruit dans la contrée toute organisation diocésaine.

Devant lui, le saint évêque avait l'idolâtrie régnant en maîtresse ; derrière l'ignorance et la superstition : tristes fruits de l'absence des pasteurs.

Voilà donc le double tableau qui s'offrait aux regards de saint Léon et de ses frères. Mais, ils y étaient préparés d'avance, et, se confiant à la grâce de Dieu, ils l'imploraient avec ferveur.

Au lieu de goûter le sommeil, dans leur retraite improvisée, ils se tenaient à genoux et en oraison, lorsqu'ils furent troublés tout-à-coup par la visite de quelques hommes : c'étaient des rôdeurs basques qui leur de-

(1) *Etud. hist.*, t. 1, p. 28.

mandèrent d'où ils venaient et ce qu'ils voulaient. Les saints ne comprirent rien aux
paroles de ces gens-là. En effet, ajoute la
légende, « l'idiome des Basques ne ressem-
« ble à aucun autre langage, ou, pour mieux
« dire, s'en éloigne du tout au tout (1). »
Mais ils eurent toujours du cœur : cette fois,
ils sentirent qu'ils avaient affaire à de saints
pèlerins *(sanctos viros peregrinos)* et s'éloi-
gnèrent avec respect, prouvant ainsi deux
qualités toujours vivantes dans leur nation :
l'esprit d'hospitalité et l'esprit de foi.

Les trois frères reprirent tranquillement
leurs prières, en attendant le jour. Au lever
du soleil, qui les surprit peut-être en action
de grâces après la célébration des saints
mystères, ils virent s'ouvrir les portes de la
ville et quelque habitants en sortirent. Ceux-
ci ne tardèrent pas à se trouver auprès des
voyageurs, dont le premier aspect produisit
en eux une vive émotion, non de crainte —
car ils ne reconnaissaient pas là des Basques,

______

(1) *Nec mirum, cum illorum idioma nulli linga-
gio* (sic) *sit consonum, imo penitus alienum.*

leurs ennemis — mais d'admiration et de respect religieux. Saint Léon était, avons-nous dit, d'une taille très avantageuse et sa belle physionomie, quoique assez jeune encore, avait une expression de gravité mystique et ce je ne sais quoi de majestueux, qui est comme le miroir des saintes âmes. Ses frères lui ressemblaient, sous des traits différents, à l'extérieur aussi bien qu'en piété. Ils devaient être, tous les trois, revêtus de l'habit ecclésiastique du temps, peut-être même, de quelques ornements sacrés. Quoi qu'il en soit, à la première vue, les Bayonnais virent bien que ces hommes étaient « étrangers à la secte » qui régnait dans la ville, et « s'étonnèrent qu'ils eussent échappé, « durant toute une nuit, aux attaques des « méchants, des serpents et des bêtes féro- « ces (1). » Très-peu méchants eux-mêmes, disons mieux, saisis d'un sentiment jusqu'alors inconnu, les témoins de cette ren-

(1) Les passages de cette *Vie*, marqués par des guillemets, sont textuellement extraits de l'une ou de l'autre légende. (*Ap. Bolland.*)

contre extraordinaire revinrent sur leurs pas
et coururent annoncer dans toutes les rues ce
qu'ils venaient de voir aux portes de la ville :
« trois hommes semblables à des pro-
« phètes. »

Le peuple se réunit aussitôt en « assemblée générale. » On délibéra et il fut décidé
que « plusieurs d'entre les sages de la ville
« iraient en tenue décente et de la part de
« tous » s'enquérir prudemment auprès des
trois étrangers « pourquoi et dans quel but
« ils étaient venus. »

C'est ce que l'on fait. Mais une foule nombreuse veut accompagner les députés de la
ville. On se range avec calme en face du
Bienheureux. Au milieu de cette assistance
visiblement émue, Léon ne peut contenir
son zèle. Il fait sur lui-même le signe de la
croix, prononce un petit discours et « la
« vertu divine lui communique une telle
« grâce de langage qu'après l'avoir entendu,
« chacun commence à croire. »

Observons ici une différence bien remarquable, en effet, dans les premiers rapports
de saint Léon avec les Basques et les pirates

de Bayonne. Aujourd'hui, il est compris par les habitants de la ville, et leur adresse des paroles qu'ils saisissent et qui les ébranlent déjà dans leur infidélité, tandis qu'hier il n'a rien compris lui-même au langage des Basques qui ont voulu l'interroger. D'où vient cette différence? Nous ne voyons aucune nécessité de trouver, dans les faciles relations du Saint avec les pirates, un miracle du *Don des Langues*. La chose peut s'expliquer tout simplement par cette circonstance que, si l'on admet, comme nous, l'identité des habitants de Bayonne avec les Normands de Rollon, saint Léon connaissait l'idiome des uns et des autres, pour l'avoir appris dans ses missions de la province de Rouen.

Toujours est-il que, dès son premier sermon, le Bienheureux avait gagné tous les cœurs, au point qu'on le pria de vouloir bien entrer dans la ville. Les prud'hommes l'y introduisirent avec honneur, et aussitôt le saint apôtre « ordonna, au nom de Jésus-« Christ, qu'on lui préparât un endroit con-« venable pour prêcher le salut du peuple. »

C'est au milieu même de la place publique qu'on voulut l'entendre.

Quelle fut la tribune où monta le ministre de Dieu? Nul ne le sait ; mais les deux légendes nous apprennent que sa parole inspirée eut une efficacité merveilleuse ; les bruits ordinaires d'une place publique avaient cessé comme par enchantement ; on se tenait autour du prédicateur, non-seulement dans un silence attentif, mais dans une sorte de dévotion naïve *(devote audientes)*; les heures s'écoulaient ainsi de plus en plus marquées par des scènes émouvantes ; le soleil allait se coucher et, à la fin de ce premier jour, il se trouva que la grâce avait « converti sept « cent dix-huit personnes de l'un et l'autre « sexe » qui toutes en donnant leur nom s'écriaient d'une même voix : « Nous ne « voulons plus d'autre loi que celle que nous « présente Léon le saint » (1) !

(1) *In medio civitatis, in plateâ communi.....
devote audientes.... Primâ die septingentos decem
et octo utriusque sexus ad fidem Christi convertit.*
(Grande légende.) —.... *Populum ad fidem Christi
convertit, qui unâ voce clamaverunt : non aliam*

Sans vouloir affaiblir le succès de cette première prédication du Bienheureux, nous ne pouvons pas nous empêcher de revenir sur une des observations précédentes, pour mieux expliquer la soudaineté du mouvement qui se manifesta parmi le peuple de Bayonne. Car ne peut-on pas supposer que, dans le nombre, il y avait des familles entières appartenant à cette classe de Scandinaves dont il a été parlé plus haut et qui, ayant déjà reçu les premiers éléments de la doctrine chrétienne, étaient retombées dans les pratiques du paganisme par pur respect humain et surtout faute de prêtres catholiques ? Qui sait même si saint Léon ne retrouva pas sur les bords de l'Adour quelques-uns de ses disciples des rives de la Seine ? La supposition n'a rien d'invraisemblable et se présente d'elle-même à l'esprit comme une conséquence ou une confirmation de tout ce qui précède.

legem volumus quam istam quam exhibet Leo sanctus. (Petite légende.)

CHAPITRE VI

Comment un miracle de saint Léon convertit les prêtres du dieu Mars, ou Odin.

Saint Léon avait eu la plus belle journée d'apôtre. Quelle joie pour son cœur brûlant d'amour de compter déjà ses disciples par plusieurs centaines ! Mais, après tant d'émotions, il ne crut pas devoir rester dans la ville et, toujours accompagné de ses frères, il alla se reposer ou plutôt se recueillir dans sa logette de la nuit précédente. N'était-ce pas l'habitation que, la veille, il déclarait avoir choisie pour toujours ?

Cependant, on vit éclater dans Bayonne une violente agitation en sens contraire de l'ébranlement général, produit à la voix du saint apôtre. Il y avait, au sein de la ville, une tribu sacerdotale, qui desservait un temple payen, dédié au dieu de la guerre. La légende donne à ce dieu le nom de MARS, suivant la mythologie romaine et selon l'usage adopté par les chroniqueurs de cette époque , dans leurs notices sur les Normands. Mais le vrai nom, le nom national, serait ODIN ou OTHIN, la plus puissante et la plus redoutable divinité des Scandinaves. Odin, fut, en effet, pour les peuples du Nord, le grand génie des batailles ; son culte consistait surtout dans le mépris de la mort. Son paradis n'était ouvert qu'aux braves tombés dans les combats. Et quel paradis ! Le suprême bonheur des élus consistait à s'armer tous les jours, pendant la vie éternelle, à se tailler en pièces les uns les autres, et à revenir ensuite dans le palais d'Odin, pour y manger du sanglier et y boire de la bière dans le crâne de leurs ennemis (1).

Tel était le dieu Mars qu'adoraient les pirates de Bayonne. On conçoit la férocité que son culte devait inspirer à ses prêtres, et l'on ne s'étonne pas que la doctrine évangélique de saint Léon les eût jetés dans une

(1) D'HALLUVIN, *Hist. de Fr.*, t. I, p. 240. — D'après l'*Encyclopédie du* XIXe *siècle,* le palais d'Odin s'appelait *Gladsheim,* nom qui signifie *séjour de la joie.*

extrème fureur. Contenus par l'attitude du peuple auquel ils s'étaient mêlés, durant les prédications du Bienheureux, subjugués peut-être par son air vénérable ou par l'éloquence de ses paroles, ils n'avaient osé rien dire en sa présence. Mais, une fois délivrés de lui, par sa retraite hors des murs, ils se réunirent en tumulte aux pieds de la statue d'Odin et s'irritèrent mutuellement. Fallait-il donc souffrir la ruine d'une religion qui avait si souvent donné la victoire à ses adeptes sur la terre et sur mer (1)? Pouvait-on voir sans indignation la « Cité de Bayon-
« ne, cet asile, ce coffre-fort de la piraterie,
« menacée de perdre sa fortune en changeant
« de culte?... Que faisons-nous? s'écriaient-
« ils entr'eux, que faisons-nous? L'avez-vous
« vu cet homme qui annonce de nouveaux
« démons, ce violateur impudent de nos

______

(1) *Sacerdotes templi dei Martis qui ibi ut Deus colebatur, eo quod receptatrix et particeps omnium piratarum et maleficiorum, quæ in mari fiebant, civitas Baïonæ tunc erat, et victoriam ab inimicis terrâ marique eis semper tribuebat, commoti sunt contrâ virum Dei, etc.*

« mystères? Ah ! ce doit être un espion qui
« explore la province ! » C'est ainsi qu'ils
s'échauffaient les uns les autres et que, durant toute la nuit, ils cherchèrent le moyen de défendre leurs divinités nationales contre l'audacieuse attaque des étrangers.

Dès le lendemain (1) ils se précipitèrent, avec des cris menaçants, vers la rive gauche de la Nive, sur le monticule où était la résidence de saint Léon, qu'ils trouvèrent « prêchant déjà devant le peuple. » Ils l'obligèrent à rentrer en ville et le conduisirent au temple pour le forcer de sacrifier au dieu Mars.

Au fond du temple, sur un autel grossier, ruisselant peut-être du sang des victimes, immolées pendant la nuit, se dresse « une « statue d'airain » : c'est le dieu des pirates, le dieu de la guerre, le patron des batailles et des victoires, celui qui protége et le foyer domestique et les coureurs de l'Océan.

(1) *Alterâ die*, dit le texte. On pourrait traduire par *un autre jour;* mais il n'est pas probable que les prêtres d'Odin aient mis plusieurs jours à préparer leur complot.

A peine entrés dans le sanctuaire, les prêtres de Mars se prosternent devant son idole, l'adorent suivant les prescriptions de leur barbare liturgie et somment saint Léon de rendre les mêmes hommages au faux dieu. Une assistance assez nombreuse se presse dans le parvis, en proie à une indicible émotion. Calme et serein, le Bienheureux sourit d'un sourire plein de douceur. Puis on le voit tomber à genoux et lever ses yeux et ses mains vers le ciel ; il prie quelques instants et tout-à-coup il s'écrie : « Les dieux « des Gentils sont des démons ; mais c'est « le Seigneur qui a fait les cieux. » Après quoi « il souffle en plein visage sur la statue « d'airain. » O miracle ! la statue s'agite, « chancelle, tombe à terre et se trouve ré- « duite en poudre ! » Mille clameurs éclatent aussitôt : on comprendra sans peine l'enthousiasme des convertis de la veille. Mais quelle dut être la stupeur des prêtres ainsi que de leurs rares partisans !

L'histoire des martyrs raconte très souvent des prodiges analogues et signale quelquefois de soudaines conversions qui en furent le fruit. Mais il est rare qu'elle nous montre les prêtres des faux dieux, renonçant à leurs erreurs, sacrifier, par là même, de grands intérêts au cri de leur conscience subitement éclairée. Plus heureux que d'autres, saint Léon vit son zèle couronné par un nouveau miracle, la conversion instantanée de tous ses plus ardents adversaires. Les prêtres du dieu Mars, avec leurs ministres secondaires, leurs femmes et leurs enfants, au nombre de cent quarante-trois, reconnurent l'inanité du paganisme et demandèrent aussitôt d'être admis, par le baptême, au service du Dieu de Léon. Celui-ci les instruisit avec charité et satisfit « le même jour, » dit la légende, à leurs pressantes supplications.

Qu'on ne s'étonne pas de ces baptêmes improvisés, véritablement contraires à la discipline générale de l'Eglise en fait de catéchuménat. Nous assistons ici à des situations vraiment exceptionnelles ; nous sommes en présence d'une mission miraculeuse et rappelant, quoique dans de moindres proportions, es éclatants succès des apôtres, qui baptisérent plusieurs milliers de personnes après leurs premières prédications. Il suffisait, au reste, que saint Léon enseignât à ses disciples les principaux articles de la doctrine chrétienne, sauf à compléter leur instruction, après le baptême : c'est ainsi qu'avait procédé le diacre Philippe, en faveur de l'eunuque de Candace, reine d'Ethiopie (1).

En résumé, saint Léon avait converti près de neuf cents personnes. Ce devait être, sinon la totalité, du moins la majeure partie des habitants de la ville ; car elle était beaucoup moins peuplée alors, avec ses pauvres masures, que ne le sont aujourd'hui, avec leurs maisons à trois et quatre étages, les rues qui représentent l'enceinte de la cité primitive. Mais ce n'était pas la colonie tout entière des Normands établis dans la contrée ; nous en trouverons d'autres, maîtres d'une portion de la banlieue et disséminés au loin dans les

(1) ACT. DES APÔT., ch. 8. — La légende indique l'ordre suivi par saint Léon, en des termes qui confirment notre explication : *Baptizatis et instructis in fide sufficienter, in Baïoná, tunc utriusque sexûs populis, vir Dei Leo ultrá progreditur.*

divers quartiers du Labourd et de la Navarr

Il n'avait fallu que « trois jours pour con
« vertir le peuple de Bayonne à la foi d
« Christ. » Les prêtres d'Odin étaient dé
baptisés ainsi que bon nombre de notable
Les trois missionnaires s'occupaient de pré
parer les plus ignorants à la même grâce
mais chefs, prud'hommes et menu peupl
tout était soumis de cœur aux saintes lois d
l'Evangile.

Le paganisme était vaincu au fond d
âmes : il ne restait plus que d'en faire disp
raître les signes extérieurs. Après la prod
gieuse mise en poussière de la grande « st
tue d'airain », les magistrats abattire
toutes les autres idoles qui pouvaient
trouver dans les monuments publics (1); e
dans les plus misérables chaumières, chacu
s'empressa de détruire les moindres st
tuettes d'un culte maintenant abhorré d
tous.

Le temple d'Odin fut condamné à un so
pareil. Ce furent les prêtres eux-mêmes q

1)... *Statim idola subvertentes.*

voulurent le raser de leurs propres mains ;
ils le firent « d'un cœur rempli de joie. »
Et « sur le même lieu, » on se hâta de construire « une église en l'honneur de la très
« sainte et bienheureuse Vierge Marie (1).

Ainsi, à la place du dieu de la guerre, celle
que la foi catholique appelle Reine des Anges
devenait la patronne de Bayonne. On ignore
quel était, dans les temps antérieurs, le
vocable de la cathédrale labourdine. Mais,
depuis saint Léon, ç'a toujours été et c'est
encore NOTRE-DAME.

Il ne faudrait pas croire que l'église, cons-
truite sous l'inspiration de notre Saint (2),
soit la même que celle de nos jours, qui,
commencée à la fin du xiie siècle, n'est pas
encore terminée. Mais nous croyons que

(1) *Et læto animo templum Martis destruentes,*
in eodem loco ecclesiam ad honorem sanctissimæ
*(ac Beatæ) Virginis Mariæ fabricarerunt.... (et
sacrâ undâ Baptismatis baptizantur per doctrinam dicti Sancti).* — Les phrases, entre parenthèses, de cette note appartiennent à la petite
légende.

(2) *Ad nutum sancti viri.* dit la petite légende.

celle-ci occupe le même emplacement que le temple du Mars scandinave. Ville de guerre, aujourd'hui comme autrefois, Bayonne n'a rien perdu à répudier la fausse divinité des batailles pour se placer sous les auspices de la Mère de Dieu, qui l'a fidèlement aidée à conserver sa noble devise : *Nunquam polluta.* Combien de fois, dans la suite des âges, n'a-t-on pas vu les assauts de l'ennemi échouer contre ses remparts et l'impiété contre son cœur !

CHAPITRE VII

Comment le bienheureux Léon alla évangéliser le pays dépendant de Bayonne

La mission de saint Léon ne se bornait pas à la ville de Bayonne. Le Pape et le sacré collége lui avaient confié, en outre, le soin de prêcher l'Evangile à tous les infidèles épars « du côté et sur les confins de l'Espagne (1). » Aussi n'oubliait-il pas, au milieu de ses pre-

(1)... *Adjuratus ut Hispaniarum expetat* PARTES (grande légende). VERSUS *Hispaniam.... profectus est* (petite légende).

miers succès, la tâche qui l'appelait encore
dans les cantons voisins. Après avoir pris
le temps nécessaire pour instruire et affermir dans la foi les nouveaux chrétiens de
Bayonne, il reprit le bâton de pèlerin apostolique et s'en alla « chercher d'autres bre-
« bis perdues dans les déserts et les forêts. »

Ici les détails circonstanciés nous font
défaut. Mais, en étudiant avec attention les
quelques mots qu'on lit à ce sujet dans les
deux légendes, en recueillant les données
de l'histoire et de la géographie contempo-
raines, qui peuvent s'y rapporter, nous
parviendrons à donner une idée très-vrai-
semblable des travaux de l'homme de Dieu
dans cette nouvelle mission.

On peut croire, à cause même du silence
des légendes, que saint Léon laissa d'abord
ses frères à Bayonne et que ceux-ci n'allè-
rent le rejoindre qu'un peu plus tard. Mais
nous pensons qu'il lui fut possible de s'adjoin-
dre deux ou trois prêtres, au moins, du
pays. Car, s'il est démontré qu'il n'y avait
plus aucun évêque, rien n'établit que tous
les membres du clergé eussent disparu. Ils

devaient être rares ; mais il en restait quel
ques-uns, d'après la lettre, déjà citée, d
pape Jean VIII à l'archevêque d'Auch (1).

Quoi qu'il en soit, délimitons la contré
où saint Léon allait exercer son zèle
D'abord, c'était sur la rive gauche de l'Adou
et dans la direction des frontières du sud
comme on l'a vu plus haut ; c'était, ajoute l
légende, « dans les forêts du pays basque, d
« la Navarre et de l'Espagne (2). » Ma
n'oublions pas que c'était « auprès d'un peu
« ple n'ayant point de pasteur » c'est-à-dir
d'évêque.

Or, *ce peuple sans pasteur* se retrouv
très bien, pour cette époque, dans notr
pays basque tout entier, puisque les siége
de Dax et d'Oloron étaient vacants, comm
celui de Labourd ; il se retrouve, en parti
culier, dans la *Basse-Navarre*, puisque l
partie septentrionale de ce district (Mixe e
Ostabarès) dépendait du diocèse de Dax e

(1) Voir *Chronique d'Oloron*, T. I. ch. 2. n° 4.

(2) *Vir Dei Leo ultrà progreditur, loca sylva
rum* VASCULÆ, NAVARRÆ *et* HISPANIÆ *penetrans

la partie méridionale (Cize et Baïgorry) du diocèse de Bayonne ; il se retrouve aussi en *Espagne*, puisque les vallées de Bastan, de Lérin et les environs de Saint-Sébastien appartenaient au même diocèse.

Tout compte fait, et bien que la ruine du culte catholique s'étendit plus loin, nous croyons pouvoir réduire le théâtre des prédications de saint Léon au pays de Labourd, avec une partie de la Basse-Navarre et quelques quartiers voisins au-delà de la frontière espagnole. Quant à la Haute-Navarre, qui constituait alors un royaume indépendant, elle avait pour pasteur l'évêque de Pampelune et n'éprouvait aucun besoin d'un missionnaire étranger, au moment où la religion y florissait sous la protection du plus pieux des rois, Fortunio (886-905), qui finit par renoncer à la couronne pour se faire moine dans le couvent de Leyre (1). En un mot, ce n'est pas restreindre à l'excès l'apostolat de saint Léon que de le circonscrire dans les

____

(1) *Historia compendiosa del Reino de Navarra,* por Yanguas y Miranda, p. 38.

limites de l'ancien diocèse de Labourd.
devait y trouver encore une moisson dign
de son zèle.

Au point de vue matériel, le pays ne lu
présentait que de vastes solitudes et d'im
menses forêts, *loca deserta nemorosa*
c'était le cas de la plupart de nos provinces
au neuvième siècle, après les invasions et le
guerres les plus désastreuses. L'agricultur
avait cessé presque partout : seuls, les arbre
couvraient le sol.

Sous le rapport moral, l'état du pays pa
raissait plus déplorable encore. La popula
tion se réduisait à de petits groupes dissémi
nés de loin en loin. Et, en effet, s'écrie Fage
de Baure, au milieu de tant de forêts, où pla
cer des hommes?... Il y en avait pourtant
mais dans quelles conditions lamentables
On y trouvait même l'idolâtrie avec toute
ses horreurs, selon le témoignage formel d
la légende : *oves perditas, scilicet infideles*
Quoi donc ! est-ce que nos Basques avaien
abjuré le christianisme? Non, sans doute
mais, à côté d'eux, dominaient les Normands. Un certain nombre de ces barbares

avaient remonté les fleuves, les rivières, tous les cours d'eau plus ou moins navigables. Après avoir dépeuplé d'hommes et de jeunes gens une foule de villages, ils s'y étaient fixés et avaient contracté, avec les captives indigènes, des alliances dont les fruits étaient voués, dès le berceau, au paganisme de leurs pères. Saint Léon allait donc rencontrer encore des Normands le long de l'Adour, de la Nive, de la Nivelle, de la Bidouse et de la Joyeuse, et là aussi il devait combattre le culte sanguinaire d'Odin. Pourquoi n'admettrions-nous point qu'il eut pour auxiliaires, auprès de ces infidèles, quelques-uns des notables ou même quelques-uns des prêtres de Mars récemment convertis, à Bayonne? On a vu, dans tous les siècles, de fervents néophytes s'attacher à la personne et au ministère de l'apôtre qui les avait baptisés dans la foi du Christ.

Mais, à l'écart de ces peuplades mêlées, moitié normandes, moitié euskariennes, qui habitaient le bord des eaux, vivaient, sur les montagnes et dans les bois, les débris languissants de la population indigène, formant çà et là de petites tribus nomades que nous nous représentons errantes, de pâturage en pâturage, avec leurs troupeaux qui constituaient la principale richesse de la nation. Ici se maintenaient, et la langue nationale, et les vieilles coutumes, et aussi la foi catholique, mais affaiblie sinon dans les convictions intimes, du moins dans les pratiques les plus essentielles. C'est auprès de cette population intéressante que, d'après nos conjectures, saint Léon s'assura le concours de quelques prêtres et de quelques religieux du pays qui avaient survécu au désastre universel.

Nous ignorons entièrement l'itinéraire des courses apostoliques du Bienheureux. On peut croire qu'il commença par remonter les rivières à la poursuite des Normands, premier objet de son entreprise. Une tradition locale nous le montre prêchant à Ustaritz, sur les bords de la Nive, où devait se trouver, à raison du fleuve, une importante colonie des adorateurs d'Odin. On raconte qu'il s'y vit accueilli à coups de pierres et l'on désigna longtemps le lieu qui fut témoin de cet attentat sacrilége. Le sang du Bienheureux coula comme une rosée de bénédiction et le bourg d'Ustaritz y gagna d'être, plus tard, non seulement le chef-lieu du pays de Labourd, mais l'une des paroisses les plus chrétiennes du diocèse de Bayonne (1).

Après avoir exploré et converti tout le Labourd, saint Léon dut visiter les vallées espagnoles qu'arrosent la Bidassoa et ses affluents. Ce qu'il y a de certain, c'est que, malgré leur séparation, trois fois séculaire, ces vallées conservent encore une vraie dévotion pour l'apôtre de Bayonne. L'ar-chiprêtré de Fontarabie se glorifiait, dès les plus beaux temps du Moyen-Age, d'avoir saint Léon pour patron spécial (2).

(1) D'après une autre tradition, la population d'Ustaritz fut si docile à la grâce que saint Léon aimait à y revenir souvent, pendant sa mission du Labourd. On ajoute qu'il avait coutume de se re-poser auprès d'une fontaine, qui coule encore au pied du château de *Haïtze*. (Note de M. de La-borde-Noguez.)

(2) *Hist. compend. de Guipuzcoa,* por Don Lope de Isasti.

Son nom est resté moins populaire dans la Basse-Navarre, en Ossès, dans la vallée de Baïgorry et au pays de Cize. Cela vient peut-être de ce que le bienheureux y eut moins à faire qu'ailleurs, grâce à l'action puissante du pieux monarque Don Fortunio qui, depuis son avènement au trône, avait eu à cœur de rétablir le règne de Dieu dans cette partie de ses états (1). Le pays d'Arberoue, plus voisin de Bayonne, a mieux conservé le souvenir du saint apôtre, mais sans aucune tradition particulière.

Du Saussay range les Béarnais parmi les peuples évangélisés par saint Léon. Cela ne peut concerner, tout au plus, que les cantons de Bidache et de Salies.

Encore une fois, il suffit à la gloire de notre saint d'avoir été l'apôtre de l'ancien

____

(1) N'oublions pas, néanmoins, que la Basse-Navarre a donné au siége épiscopal de Bayonne deux grands prélats, très dévots envers saint Léon : *Bertrand* D'ECHAUX (1598-1621), né à Baïgorry, et *Jean* D'OLCE (1643-1681, né et mort à Iholdy. C'est à ce dernier que Clément X adressa un Bref relatif à la *Confrérie de Saint-Léon*.

diocèse de Labourd. Et c'est pourquoi, voulant dresser une liste des localités qu'il arrosa de ses sueurs, nous nous contenterons de les prendre dans les limites de ce diocèse.

ETAT DES PAROISSES DE L'ANCIEN DIOCÈSE DE BAYONNE

Nous mettons en lettres italiques les annexes, et entre parenthèses les succursales de création récente.

PAYS DE LABOURD : Cathédrale ; — Saint-Léon, ou Anglet ; — Biarritz ; — Arcangues *(Bassussarry)* — Arbonne ; — Ahetze ; — Bidart ; — Guétary ; — Saint-Jean-de-Luz, *Serres* ; — Ciboure ; — Urrugne *(Béhobie)* ; — Hendaye ; — Ascain ; Sare ; — Saint-Pée ; — Ainhoa ; — Souraïde ; — Espelette. — Itsassou ; — Louhossoa ; — Cambo ; — Larressore ; — Ustaritz *(Arraunts)* ; — Halsou *(Jatsou)* ; — Villefranque ; — Saint-Pierre-d'Irube ; — Mouguerre *(Eliçaberry)* ; — *(Lahonce)* ; — Urcuit. — Urt ; — Bardos ; — Guiche ; — Briscous ; — Hasparren *(Urcuray)* ; — *(Bonloc)* ; — Mendionde ; — Macaye ; — *(Greciette et Garro.)*

PAYS D'ARBEROUE : Hélette ; — Saint-Esteben ; — Isturitz ; — Saint-Martin ; — Méharin ; — Ayherre.

VALLÉE D'OSSÈS : Ossès : *Iriberri, Uharcan* ; —

Gabardou ; — (Saint-Martin-d'Arrossa), Eyharce, Exave ; — (Bidarray), Irissary ; — Iholdy ; — Armendaritz.

VALLÉE DE BAÏGORRY : Saint-Etienne , — Anhaux ; — Irouléguy ; — Lasse ; — Ascarat ; — Jaxu, *Iriberry ; — Lacarre ; — (Banca) ; — (Aldudes) ; — (Urepel).*

PAYS DE CIZE : Saint-Jean-pied-de-port ; — Aincille ; — Saint-Jean-le-vieux ; — Uhart : *(Arnéguy)* ; — Mendive, *Béhorléguy* ; — Ispoure ; — Bussunarits, *Sarrasquette* ; — Ahaxe, *Alciette, Bascassan* ; — Suhescun ; — Saint-Michel ; *Çaro* ; — Lecumberry . — *(Behaune)* ; — Uhart ; — *(Arnéguy)*.

CHAPITRE VIII

Comment le bienheureux Léon fut mis à mort par les pirates aux portes de Bayonne.

On ne connait pas au juste le temps que dura la mission de saint Léon, en dehors de la ville de Bayonne. Un écrivain moderne croit pouvoir affirmer que son absence fut au moins de deux ou trois années (1). Les vieilles légendes ne sont pas aussi précises :

(1) FARIN, *ap. Bolland.*

l'une se borne à dire « un long temps » *longo tempore;* l'autre, plus vague encore, raconte que le Bienheureux « revint après bien des jours » *transactis plurimis diebus.*

Si l'on se réfère à ce qui a été dit plus haut sur les quatre années libres que l'histoire nous accorde, entre le prédécesseur et le successeur de saint Léon sur le siége de Rouen ; si l'on calcule avec soin le temps qu'il fallut pour son élection à l'épiscopat, son voyage et son retour de Rome, puis encore le temps nécessaire pour la nomination et l'entrée en fonctions de son successeur *Vitto* à Rouen, on ne se trompera pas de beaucoup, en réduisant à quinze ou dix-huit mois toute la carrière apostolique du Bienheureux dans nos contrées, depuis son départ de Rouen jusqu'à son martyre. Si, après cela, on admet, suivant la tradition, que saint Léon fut martyrisé le 1er mars, on pourra fixer son apostolat entre l'automne de 889 et le printemps de 891.

Son premier séjour à Bayonne fut assez long pour donner aux néophytes le temps de « construire une église à son gré (1). » Ce qui suppose bien un espace de quelques mois et restreint à un an, tout au plus, la durée de ses travaux apostoliques dans les vallées et les montagnes de la frontière.

Il est naturel de penser que son cœur revenait souvent au chef-lieu de sa mission, d'autant plus qu'il en recevait parfois des nouvelles qui pouvaient lui faire craindre « de honteuses défaillances » chez quelques-uns de ses disciples bien-aimés (2). Et, en effet, ceux-ci se trouvèrent tout-à-coup en butte aux attaques des pirates les plus cruels de leur nation.

Dans les environs de Bayonne, particulièrement du côté de la mer, vivait, à l'état presque sauvage, une bande assez nombreuse de Normands qui, fuyant toute espèce de civilisation, même informe, et la police plus ou moins gênante d'une ville fermée, « habi-

(1) *Extruxerunt ecclesiam ad nutum viri sancti.*

(2) *Hæsitans ne quid devium vel lubricum in populo inveniret.* (Petite légende.)

laient dans des cavernes (1). » C'étaient surtout ceux-là qui parcouraient et dévastaient, suivant le caprice des vagues, les côtes de l'Océan pour y ramasser le butin dont ils venaient vivre ensuite, avec leur hideuse famille, dans les antres du littoral, n'ayant avec la cité que quelques rapports religieux, qui les amenaient de temps en temps au temple du dieu Mars.

Or, ces bandits se trouvaient dans une expédition lointaine, à travers les flots, quand saint Léon convertit la population de Bayonne et pendant qu'il évangélisait le

____

(1) *Erant autem prope villam piratæ, in* CAVERNIS *habitantes.* (Ibid.). Nous avons fait d'inutiles perquisitions pour retrouver ces cavernes. Les plus anciens du pays n'en citent que deux : l'une, maintenant obstruée, à la *Chambre-d'Amour* (côte d'Anglet), l'autre d'un accès difficile, étroite et peu profonde, sous le phare de Biarritz. Il est probable que les cavernes de nos pirates avaient été creusées de main d'homme, sur le versant des collines, comme on en voit ailleurs, par exemple en Touraine, le long de la chaussée de la Loire. Elles auront été comblées plus tard, comme inutiles, ou même comme dangereuses.

Labourd et la Navarre. A leur retour, ils apprirent que « le rite national était aboli, « que le temple de leur dieu avait été dé- « truit, que Léon enseignait à donner son « propre avoir plutôt que de ravir celui des « autres ; bien plus, que cet étranger ordon- « nait d'éviter tout commerce avec les « transgresseurs de ses enseignements. »

Une telle révolution d'idées et de mœurs dans une ville que, malgré leur vie effrénée, ils vénéraient comme le sanctuaire du grand Odin, les remplit de fureur. Ils ne songèrent plus qu'à soulever le peuple contre le ser- viteur de Dieu, « contre cet homme paci- « fique, doux de langage, bon de cœur, « riche de foi, d'innocence, de charité et de « toutes les œuvres d'une sainteté surémi- « nente. » C'est ainsi que s'exprime la légende, en opposant à ce portrait celui des farouches pirates.

Ils venaient tous les jours dans l'intérieur des remparts, remplissant les rues de leurs clameurs et de leurs blasphèmes. Mais les néophytes résistaient courageusement à tous les assauts, à toutes les objurgations, à toutes les menaces des forcenés qui s'irritaient chaque jour davantage de leur admirable résistance.

Ce fut en apprenant cette lutte terrible que saint Léon se hâta de revenir auprès de ses disciples. Hélas ! il courait au-devant de la mort !

Un jour que, « suivant leur coutume » , les bandits avaient pénétré dans la ville, ils voulurent tenter un effort suprême pour arracher leurs compatriotes au culte du dieu de Léon. Celui-ci « prêchait sur les bords de la « Nive » à quelques chrétiens qui avaient été instruits de son retour. Le grand nombre des Bayonnais se trouvaient encore dans les rues de la cité, et c'est à eux que les pirates eurent affaire. « Couverts de leurs cuirasses, » armés jusques aux dents, la rage au cœur, la menace à la bouche, les fidèles d'Odin « provoquèrent au combat (1) les nouveaux enfants de Jésus - Christ qui, connaissant leur droit de rester maîtres chez eux, prirent les armes et « chassè-

____

(1) *Seditiones et prælia commoverunt.*

rent honteusement » leurs indignes agres-
seurs.

Les forbans s'échappèrent en désordre
par la porte méridionale, faisant retentir
les airs des plus horribles vociférations. O
bonheur ! ils aperçurent saint Léon qui
prêchait et leur rage s'accrut de toute la joie
que cause aux âmes féroces la rencontre
d'une proie facile et longtemps attendue.

Le petit auditoire avait fui au loin, vers
la campagne ; seul, un vigneron du voisinage devait être témoin du drame qui allait
couronner la carrière de notre Bienheureux.

Saint Léon avait ses deux frères auprès
de lui. Il comprit aussitôt le danger qui les
menaçait et c'est alors sans doute qu'il pro-
féra, d'après la légende, cette belle prière
que les Bayonnais se sont redite, d'âge en
âge, comme le testament de leur « aimable »
apôtre :

« Seigneur Dieu tout-puissant, Père du
« Seigneur Jésus-Christ de qui nous avons
« appris à vous connaitre ; Dieu des vertus,
« créateur de toutes choses et de tout le
« genre humain, je vous bénis, je vous glo-

« rifie, vous qui avez daigné me conduire
« à ce jour de combat. Je vous prie, Sei-
« gneur, de me prodiguer les trésors de
« votre miséricorde et, par les mérites de
« vos saints, de me faire participant de la
« vie éternelle. Je vous demande aussi, Sei-
« gneur, que toute femme enceinte qui
« m'invoquera soit heureuse et dans sa
« grossesse et dans sa délivrance. Je vous
« recommande encore cette ville, afin que,
« par votre indulgence et votre protection,
« elle vous serve d'un cœur pur comme le
« vrai Dieu. Ainsi-soit-il. »

Cependant, les bourreaux approchèrent. Saint Léon ne fut pas leur première victime : le glaive frappa d'abord son plus jeune frère, Gervais, qu'il vit tomber sous ses yeux. Quant à Philippe, une inspiration spéciale et peut-être un ordre formel du Bienheureux lui firent prendre la fuite jusqu'au delà de l'Adour, où nous suivrons sa trace, dans le chapitre suivant.

Restait le saint apôtre, debout « et les
« mains étendues vers le ciel. . Quelques-
« uns des pirates se tenaient autour de lui,

« les glaives dégainés » mais non sans une
sorte de crainte mystérieuse qui semblait le
retenir. On commença par lui faire « plusieurs blessures » et à la fin, un *satrape*
c'est-à-dire « un chef lui trancha la tête (1). »

« Chose étonnante et digne de récit ! »
s'écrie le légendaire, « une source abon-
« dante jaillit au lieu même où tomba la
« tête ensanglantée ; on dit, ajoute-t-il, que
« le corps resta debout une heure durant,
« comme s'il vivait encore. Un licteur le
« frappa du pied ;... mais, sans tomber à
« terre, ce saint corps prit la tête dans ses
« bras et la porta, conduit par un ange, à
« la distance d'un stade (300 pas) au lieu
« même, dit de son côté l'autre légende, au
« lieu où il avait fait ses premières prédica-
« tions, en face de la porte de la ville... C'est
« là que, comme un autre Abel, il la déposa
« dévotement en victime d'holocauste, » et
que son peuple ne devait pas tarder à lui
ériger, d'abord un tombeau, puis une cha-

____

(1) *Post multa vulnera* (petite légende) *à quodam
satrapa caput ejus amputatur* (grande légende).

pelle. Aujourd'hui il n'y a plus qu'une mo·
deste croix de pierre, isolée sur le ver-
doyant plateau des glacis.

CHAPITRE IX

Comment le ciel glorifia le bienheureux Léon après sa mort

Ne quittons pas nos légendes sans leur
emprunter encore ce qu'elles nous racon-
tent des merveilles qui suivirent incontinent
le martyre de saint Léon. Quelque extraor-
dinaires que soient ces nouvelles circonstances, ce n'est pas une raison pour les
omettre : d'abord, parce qu'on en trouve de
semblables dans l'histoire de beaucoup de
saints, et ensuite, parce qu'elles sont con-
formes aux traditions séculaires du pays,
pour lequel nous écrivons.

On ne dit point comment il arriva que les
habitants de la ville ne furent pas témoins
du meurtre de leur apôtre. Le fait est qu'ils
en furent avertis par un vigneron, qui avait
tout vu de son enclos, et qu'aussitôt ils se

mirent à la poursuite des infâmes meurtriers. Mais ceux-ci, effrayés de leur propre
attentat, s'étaient enfuis et avaient couru se
cacher, « non loin de la porte méridionale, »
dans une espèce de magasin où ils cachaient
leurs rapines, et que « dans leur langue ils
« appelaient CANA (1). » Ils comptaient s'y
soustraire à la vengeance des hommes; mais
la justice de Dieu sut les atteindre. On vit
tout-à-coup, au milieu des foudres et des
éclairs, une pluie de feu tomber sur leur
repaire, « comme autrefois sur Sodome et
« Gomorrhe »; ils y furent consumés. Durant toute une semaine, on aperçut, le jour,
une affreuse fumée et, la nuit, des torrents

(1) A quelle langue appartient ce mot? Il n'est
pas basque, c'est certain. Nous n'avons pas pu
encore nous assurer s'il a son radical dans quelque
idiome de la Scandinavie. Serait-il arabe? — Il y a,
dans nos patois modernes, un mot qui lui ressemble un peu; c'est *Canaou*, signifiant quelque chose
comme un *fossé*, un *silo*. Mais d'où vient elle-même
cette appellation? Nous recommandons le mot à des
linguistes plus savants que nous. On voit l'importance de la question, en ce qui concerne la natio-
nalité de nos pirates.

de flammes se promenant sur ce lieu d'abomination. « Ainsi finirent mal ceux qui avaient mal agi. »

Cependant le peuple fidèle avait ressenti le plus vive admiration en voyant couler une source abondante à l'endroit où la tête du Saint était tombée. Puis, quand il vit son corps étendu sur le sol, ce fut, dans tous les rangs, une profonde émotion, et « dans « tous les cœurs un aiguillon de douleur « amère » à la pensée du dévoûment de ce bon pasteur « qui n'avait pas craint de subir « une mort si cruelle pour le salut de tous. » Mais, quand on l'eut bien pleuré, on l'ensevelit avec honneur, à la place même où il s'était rendu portant sa tête.

Or, le soir de cette cérémonie, une femme, percluse de tous ses membres, se fit présenter au tombeau du Saint sous les yeux de tout le peuple. A peine y fut-elle couchée que, sentant ses nerfs se raffermir, elle put regagner sa demeure à pied et sans appui.

La nuit suivante, ce fut à Rouen même que le Bienheureux révéla son triomphe. Il apparut à Jean Pahen, son vicaire-général, et lui ayant rapporté toutes les circonstances de son martyre, il l'avertit de se rendre à Bayonne pour y voir toutes choses par lui-même, mais en lui défendant de transporter ailleurs son corps et celui de son frère Gervais ; car leur volonté formelle était de rester au même lieu « comme *protecteurs de la cité.* » Emu de cette vision, Pahen s'empressa d'en rendre compte à son collègue Geoffroy. Les deux amis pleurèrent abondamment ; mais la douleur ne les empêcha point de partir, sans retard, du côté des Pyrénées, pour aller vérifier ce qu'ils ne savaient que sur la foi d'un témoignage mystérieux.

Dieu les protégea dans ce long voyage. Ils arrivèrent enfin à Bayonne, où ils trouvèrent le corps du saint martyr très honorablement enseveli et une chapelle qui commençait à s'élever sur son glorieux tombeau. Ils constatèrent la vérité des récits qui précèdent et l'authenticité d'un grand nombre de miracles opérés par l'intercession de leur cher évêque. Mais n'oublions pas qu'ils

avaient, auprès de Bayonne, un autre vieil
ami qui devait nécessairement recevoir leur
visite et leurs consolations; nous voulons
parler de Philippe, l'un des frères du Bienheureux.

Ainsi qu'on l'a vu au chapitre précédent,
Philippe avait échappé, par la fuite, au glaive
des meurtriers de saint Léon et de Gervais.
Traversant le fleuve, il était allé trouver
un asile sur la rive opposée, à deux *milles*
de la cité. On croit que cet asile n'est autre
que l'abbaye de Saint-Bernard, située, en
effet, à la distance indiquée, de l'autre côté
de l'Adour, sur la route de Saint-Esprit à
Boucau, et occupée jusqu'au xiie siècle par
des religieux de l'ordre de Saint-Benoît (1).

(1) Le chanoine Veillet examine, avec son érudition ordinaire, quel est le lieu indiqué par la
légende, dans ce passage : *Philippus... secessit ad
partes riparum* LEODOSIÆ. *per duo milliaria à
civitate distantes, ex parte opposita civitati, mi-
gravit ad Dominum gloriosus confessor, operatur-
que ibidem Deus multa miracula ratione sui sancti
corporis quod per* MONACHOS ORDINIS S. BENEDICTI
devote custoditur. Comme de son temps, il n'y
avait aucun monastère de Bénédictins, ni auprès

Il ne faut pas croire que Philippe se tînt dans une sorte d'indifférence par rapport à l'œuvre de ses frères ; son zèle ne s'était pas amorti bien certainement. Mais sa vie paraît avoir été surtout une vie de solitude, de prière et de contemplation, jusqu'au moment où il passa de là terre au ciel « en confesseur glorieux, » comme dit la légende. Ses reliques reposèrent dans le lieu même de sa retraite, sous la « dévote garde » des moines, et y « opérèrent de nombreux miracles. »

de Bayonne, ni dans tout le diocèse, le savant annaliste a recherché soigneusement l'histoire locale de ces moines, pour les temps les plus reculés. Il a trouvé, dans de vieux titres, une abbaye, sous le vocable de Saint-Georges de *Mirabel*, dont l'emplacement lui est inconnu ; puis une maison de Saint-Benoît, située au port du Verger, auprès de *la place Gramont* ; puis encore un autre monastère d'hommes sur le bien noble de Beauregard, à Saint-Esprit, devenu plus tard couvent de Sainte-Ursule et occupé aujourd'hui par la gare. Enfin, il constate qu'avant l'installation des *Cisterc ennes* à l'abbaye de SAINT-BERNARD (vers 1266), il y avait eu, dans ce couvent, des moines bénédictins, et se prononce pour ce même lieu, en ce qui regarde le frère de saint Léon.

On comprend aisément le bonheur qu'é-
prouvèrent Pahen et Geoffroy en allant
visiter leur ancien ami, ce dernier débris de
la famille du saint évêque. Que de doux
entretiens ils eurent ensemble et avec quelle
pieuse avidité ils devaient recueillir sur les
lèvres de Philippe les édifiants détails de
l'apostolat de saint Léon !

Mais c'est principalement auprès de la
population elle-même que les vicaires-géné-
raux de Rouen durent trouver les informa-
tions les plus intéressantes. Chacun se plaisait à leur dire ce que le saint Apôtre avait
fait pour le bien de la cité et des familles.
On leur montrait les lieux qui avaient été
le théâtre des moindres événements de sa
vie apostolique. A leur tour, ils racontaient
à ce peuple, formé de nouveaux convertis,
ses jeunes années et les premiers travaux
du grand serviteur de Dieu. C'est ainsi qu'il
s'établit dans le pays une tradition nationale
qui date d'environ mille ans, et dont les
légendes ne sont qu'un écho admirablement
confirmé par la grande voix de l'histoire.

Après un séjour trop rapidement écoulé

pour tous les cœurs, Jean-Paben et Geoffroy durent s'éloigner du tombeau de leur évêque et revenir à Rouen. Ce ne fut pas sans regret qu'ils laissèrent les reliques à Bayonne ; mais on a vu que telle était la volonté du bienheureux martyr. Nul doute qu'ils n'eussent désiré amener Philippe avec eux ; mais celui-ci s'était constitué le dépositaire et le gardien, non-seulement du sépulcre de saint Léon, mais encore de son œuvre à peine naissante ; et il restait là pour affermir les néophytes dans leur foi à Jésus-Christ. Sa présence était encore utile à la religion ; car, bien que converti à l'Evangile, le peuple de Bayonne n'en était pas moins exposé à de nouveaux périls. Le diocèse n'était pas reconstitué et l'état politique de la Gascogne ne permettait pas de prévoir une amélioration immédiate de intérêts les plus graves de l'Eglise catholique, dans une contrée si longtemps privé de ses premiers pasteurs. Les Normand continuaient toujours, quoique moins nombreux, leurs fatales irruptions dans le bassin de la Garonne. Faut-il le dire? les sei

neurs du pays, trop guerroyeurs pour
être pieux, ne se montraient dévoués à la
religion qu'avec une extrême froideur. Dans
de pareilles circonstances, n'était-ce pas un
devoir pour Philippe de rester ferme au
poste que son frère lui avait légué?

Les prêtres de Rouen s'arrachèrent donc
à ses derniers embrassements, dirent adieu
aux néophytes et repartirent, en pleurant,
vers la Neustrie. Là, ils rapportèrent, dans
l'assemblée des fidèles, tout ce qu'ils avaient
vu et entendu sur les rives de l'Adour. Le
peuple, attendri par l'histoire des actes et
du martyre de Léon, mais ravi des nombreux miracles qu'on put aussi lui raconter,
pleura de toutes ses larmes le bon pasteur
qu'il avait espéré voir revenir un jour
pour conduire dans les saints pâturages
son troupeau de Rouen (1). »

(1) *Joannes et Gaufridius Rothomagum redie-
unt, ubi congregatis universis Ecclesiæ viris,
cuncta quæ viderant omniaque gesta narraverunt.
Quo audito, ecce mæror et luctus omnium, pasto-
rem suum quem adhuc pascua impendere Rotho-
magi speraverant, lugentium.* (Ap. Bolland. Vita.)

« Ici finit, » dirons-nous avec notre dou[...]
légende, « la Vie du Bienheureux Léo[...]
« dont la fortunée Bayonne possède les re[...]
« ques, et dont l'âme est au Paradis av[...]
« Jésus-Christ, à qui soit honneur et gloi[...]
« dans les siècles des siècles. Amen. »

CONCLUSION

Sans rien changer au fond des récits d[...]
deux légendes, nous avons essayé de *fix[...]*
l'histoire de saint Léon. Pouvons - no[...]
croire y avoir réussi ? Le lecteur en juger[...]
Mais qu'on nous permette d'affirmer avec [...]
plus grande simplicité que nos études [...]
été constamment dégagées de toute id[...]
préconçue et qu'il n'y a pas, dans ce trava[...]
même dans la partie conjecturale, une se[...]
idée qui ne nous ait été, pour ainsi dir[...]
imposée par les textes même de tous [...]
documents.

Au reste, notre système historique [...]
pose sur ce seul fait : que c'étaient les N[...]

mands qui occupaient la ville de Bayonne, au temps du voyage de saint Léon. Ce fait admis, nos inductions coulent comme de source. Il faudrait donc le détruire, avant tout, pour ruiner ces inductions. Or, nous le croyons inattaquable. Mais encore une fois, nous en laissons juge chacun de nos lecteurs, en les avertissant que notre système sera corroboré (si ce n'est pas une nouvelle illusion d'auteur), par ce qui reste à dire sur l'histoire du *Culte de saint Léon*, dans la suite des âges, depuis le xe siècle jusqu'à nos jours.

En tout cas, il semble que le système adopté élucide, d'une manière satisfaisante, les points obscurs des deux légendes, dont les copistes ont certainement aggravé les incorrections échappées aux premiers rédacteurs. On ne peut plus dire que *cela sent la fable*, puisque l'histoire y jette d'admirables clartés. Par conséquent, la dévotion bayonnaise se trouve autorisée par la critique elle-même : c'est un nouveau bienfait de la science historique, telle que l'ont faite les sérieux travaux des bonnes écoles de ce siècle.

Grâce à Dieu, l'histoire n'a plus aucu
dédain absolu contre l'hagiographie : el
admet, au contraire, le rôle important qu
les saints ont joué dans la société, renou
velée par le christianisme, et ses plus grand
maîtres, fussent-ils de tièdes croyants, 1
consentiraient pas à supprimer la missic
civilisatrice des propagateurs de la foi c
tholique. Osons le dire; nous soumetto1
avec confiance notre modeste ouvrage
l'examen des vrais savants et, sûrs de
sincérité de nos convictions, nous espéro
qu'ils en admettront aussi la valeur scien
fique, au moins dans l'ensemble, sin
dans les principaux détails.

FIN DE LA VIE DE SAINT LÉON

SAINT LÉON

APOTRE DE BAYONNE

SON CULTE

DANS LE COURS DES AGES

Sous le titre de Culte de saint Léon, le lecteur ne doit pas s'attendre à trouver ici un recueil de prières et de pratiques, une sorte de *Livre d'heures* en l'honneur de notre bien-aimé Patron. C'est encore de l'histoire que nous voulons offrir à sa pieuse curiosité, l'histoire des diverses manifestations par lesquelles la dévotion populaire s'est maintenue, d'âge en âge, depuis la mort du Bienheureux jusqu'à nos jours. Les vieilles chroniques, les fêtes religieuses et même civiles, les monuments artistiques ou littéraires, les discussions d'une science sérieuse, les effusions de la piété naïve, la

constance ou, pour mieux dire, le progrè
toujours croissant du sentiment populai
au milieu des vicissitudes politiques les plu
graves, tout cela va passer devant nou
comme un témoignage irrécusable de
piété de nos pères à l'égard de saint Léor
et comme une preuve nouvelle de la vérit
de sa mission parmi nous.

Fidèle à la pensée de notre INTRODUC
TION, nous suivrons encore l'ordre chro
nologique. Cette marche aura l'avantag
d'offrir aux Bayonnais une *histoire abrégé*
de la religion dans leur pays, à partir d
x⁰ siècle, et de continuer, sous un nouvc
aspect, le travail accompli déjà pour les siè
cles antérieurs. Il n'est pas sans intéré
d'enchâsser l'histoire du Patron dans cell
de son église.

I

Etat religieux du Pays de Bayonne après la mort de saint Léon.

Xᵉ SIÈCLE.

Ainsi qu'on l'a vu plus haut, c'est vers l'ar
891 que saint Léon fut martyrisé, aux

portes de Bayonne. Il avait laissé la foi
triomphante dans les âmes ; mais on ne
peut pas dire que le diocèse se trouvât hié-
rarchiquement reconstitué. Apôtre du pays,
et par là même plus grand, dit un auteur,
que s'il en eût été l'évêque (1), saint Léon ne
parait pas avoir eu le temps d'y établir un
chapitre et une administration diocésaine.
Le siége de Labourd resta vacant encore,
après comme avant sa mission, partageant
le sort des autres siéges de la Gascogne
occidentale, qui continuèrent à être gouvernés de loin par l'archevêque d'Auch et
par les évêques voisins, entre autres, celui
de Tarbes et celui de Pampelune (2).

(1) *Majorem episcopo apostolum.*

(2) Dom Brugelles. *Chron. d'Auch.* page 74,
signale un certain *Odalric* comme évêque de *Dax*
en 920 ; et le chanoine Veillet, adoptant cette idée,
suppose que Bayonne devait avoir aussi son évêque en la même année. C'est une erreur : il est
vrai qu'*Odalric* est appelé *episcopus Aquensis* par
l'historien contemporain de l'église de Reims ,
Flodoard : mais la *Gallia christiana* attribue cet
évêque à l'église d'*Aix*, en Provence. et les
meilleures probabilités autorisent l'opinion des
frères de Sainte-Marthe.

La restauration complète des églises res
fait matériellement impossible dans cett
contrée, depuis si longtemps en butte
toutes sortes de désastres et toujours livré
à un affreux désordre politique et social
Les Normands ne devaient être définitive
ment expulsés de la Gascogne qu'un pe
plus tard, et, pour comble de malheur, le
Sarrasins, ou Maures d'Espagne, firent
vers l'an 920, une nouvelle irruption su
divers points de l'Aquitaine, où ils sacca
gèrent bon nombre d'églises, sans épargne
celle de Bayonne, s'il faut en croire le
conjectures du chanoine Veillet (1).

Mais le plus grand mal de la situatio
religieuse, dans la première moitié du x
siècle, venait de ce que tous les biens d'é
glise étaient entre les mains des seigneur
laïques, du duc, du comte et des vicomtes
qui trouvaient bon de garder cette rich
proie, sous prétexte de soutenir la guerre (2)

(1) 1re Part., *chap. 5.*

(2) Voir plus haut, page 91. — Voici, du reste
la série des ducs de Gascogne durant cette période

C'est à peine s'ils toléraient quelques rares fondations de pauvres monastères et même l'exercice du culte paroissial, à la charge des fidèles, dans des oratoires sans revenus. Ces seigneurs étaient pourtant chrétiens ; mais la cupidité les rendit insensibles aux maux de l'Eglise, meurtrie par des calamités de plus d'un siècle.

Cependant, tout pauvre qu'il était, le clergé catholique n'abandonna pas en entier la cause sacrée des âmes. Il y eut toujours un certain nombre de moines et de prêtres zélés qui évangélisaient le peuple et conservaient au sein des masses la pureté de la foi, sinon des mœurs chrétiennes.

Nous aimons à penser que Philippe, ce frère de saint Léon que nous avons vu échapper au glaive des bourreaux, fut long-

de temps : 1º SANCHE-*Mitarra*, premier duc héréditaire, de 872 à 902 ; 2º SANCHE II, 904 ; 3º SANCHE-*Garcie* ; 4º SANCHE *Sanchez* ; enfin, GUILLAUME *Sance*, dont on verra, au paragraphe suivant, les actes en faveur de la religion. — L'histoire n'a conservé le nom d'aucun des vicomtes de Labourd qui vécurent à cette même époque.

temps, à Bayonne et dans tout le Labourd, le plus ferme soutien de la religion. Il avait trouvé un asile de l'autre côté de l'Adour, en un lieu qui fut appelé dans la suite *le monastère de Saint-Bernard*. C'est là qu'il mourut, dit la légende, *en glorieux confesseur*, après une longue vie de vertus et de mérites (1). Quel que pût être son amour pour la solitude et l'oraison, on ne doit pas supposer qu'il devint indifférent à l'œuvre apostolique de son frère, dont il avait été le fidèle coopérateur. Bien loin de là, il dut, au contraire, se conduire en digne héritier du saint Apôtre ; et, s'il refusa de regagner sa chère Neustrie, c'est qu'il considérait les rives de l'Adour comme lui ayant été confiées après le martyre de saint Léon. Aussi croyons-nous le voir franchissant le seuil du cloître pour aller soutenir les âmes dans le service de Dieu, et n'y

(1) En supposant que Philippe eût une trentaine d'années à la mort de son frère, et qu'il en ait vécu 75 ou 80 (ce qui n'aurait rien d'extraordinaire chez un moine), il a pu prolonger sa carrière jusque vers l'an 940.

f'entrant que pour pénétrer de son esprit de zèle les jeunes religieux qui venaient en nombre se placer sous sa sainte direction. Quand il ne fut plus, ses reliques, ajoute la légende, opérèrent encore d'éclatants miracles, qui, tout en confirmant la vérité de sa doctrine, propageaient de plus en plus la dévotion des peuples envers saint Léon.

II

Rétablissement de l'autorité diocésaine.

Xᵉ SIÈCLE (a).

Mais il ne faut pas oublier qu'il existait, auprès de la ville, un foyer permanent de ferveur religieuse : c'était le tombeau du Bienheureux. On y avait construit une chapelle que le peuple entretenait avec soin, pendant que les usurpateurs laïques laissaient tomber en ruines les autres églises de la ville et des campagnes. Là s'était concentré, pour ainsi dire, tout le mouvement

(a) Evêques contemporains : GOMBAULD, évêque de Gascogne, 975-980 ; ARSIUS, id., 980-1000.

religieux de l'époque, et nous verrons bientôt cette église sortir des ténèbres historiques à l'état de paroisse formée.

L'obscurité de nos annales commence à se dissiper dès le milieu du xe siècle, en même temps que l'ordre social semble se raffermir peu à peu sur ses bases. Un nouveau duc de Gascogne, Guillaume Sance, se montra disposé à guérir les maux de la patrie. Après avoir balayé, sur tous les points de la contrée, les derniers restes des hordes normandes, il s'occupa sérieusement des intérêts de l'Eglise. On le vit d'abord s'employer à la fondation ou à la restauration de plusieurs grands monastères (1). Il songea même à rétablir dans ses états l'action immédiate de l'autorité épiscopale, sans oser toutefois ou sans pouvoir le faire avec les conditions ordinaires du Droit canonique.

La Gascogne occidentale, autrement appelée le *comté* de Gascogne, renfermait six

____

(1) Notamment Saint-Sever, cap-de-Gascogne, et Saint-Vincent de Lucq.

évêchés, alors vacants : Bazas, Aire, Béarn, Oloron, Dax, et *Labourd* ou Bayonne. Or, vu la ruine absolue de ces diocèses, il était impossible de les confier à des prélats spéciaux, faute de ressources suffisantes pour le plus simple entretien. C'est pourquoi Guillaume imagina de les faire administrer par un seul évêque, et il jeta les yeux sur son propre frère GOMBAULD, homme de mérite, depuis quelque temps associé au gouvernement comme comte de Gascogne, et assez riche, par lui-même, pour suffire à tous les frais de la charge épiscopale. Gombauld fut donc institué administrateur des six diocèses du comté et prit le nom d'*évêque des Gascons*. Nous croyons que la chose se fit avec l'assentiment de l'archevêque d'Auch et peut-être du Souverain-Pontife lui-même.

L'épiscopat de Gombauld ne fut pas de longue durée, environ cinq ans, de 975 à 980. A cette dernière date, il était remplacé par ARSIUS, ou *Arsias-Racha*, qui signait *évêque de Gascogne*, mais qui a laissé, comme *évêque* ou administrateur *de Labourd*, un acte important qu'on ne nous pardonnerait pas de passer sous silence.

Cet acte, qui est de l'an 980, ou au plus tard de l'an 982, environ 90 ans après le martyre de saint Léon, a pour objet de déterminer les divers quartiers qui formaient le diocèse de Bayonne « dès les temps les plus anciens » *priscis temporibus*, comme s'exprime la Charte (1). Arsius ne dit pas que l'Eglise ait recouvré les biens usurpés par les seigneurs ; mais il réserve implicitement tous ses droits en signalant ces lieux comme « canoniquement acquis » : *Loca quæ Laburdensis Ecclesia canonicè acquisivit.* Le zélé prélat indique un autre

(1) Voici le commencement de l'acte et le nom des quartiers revendiqués pour l'église *Sainte-Marie de Labourd* : « Moi, Arsius, évêque de La- « bourd... je viens faire connaître à la postérité... « les lieux qui dépendent de notre évêché. Ce « sont : toute la vallée qu'on appelle *Cise,* jus- « qu'à la Croix de Charles ; la vallée appelée « *Baïgorry* ; la vallée appelée *Arberoue* ; la « vallée appelée Ossés *(Ursaïs);* la vallée de *Ba-* « *stan,* jusqu'au port de Belat ; la vallée de « *Larin* (ou Lesaca) ; la terre d'*Ernani* et Saint-Sé- « bastien de Guipuzcoa (de *Pusico*) jusqu'à Sainte- « Marie d'*Arosth* et *ad Sanctum Trianam....* » GALL. CHRIST. t. 1.

but qu'il se proposait dans son acte de recensement : c'était de stimuler ses successeurs à « *rebâtir*, selon leur pouvoir « et avec les *aumônes* des fidèles, leur « sainte Mère l'Eglise » cathédrale (1). Elle était donc alors dans un véritable état de ruines.

N'omettons pas d'observer ici que, parmi les témoins de cet acte solennel, Arsius signale des « moines ainsi que des clercs », *clericis et monachis*. Il y avait donc, à cette époque, un clergé régulier et séculier, ce qui justifie complètement nos conjectures du précédent paragraphe, par rapport à l'enseignement et au maintien de la foi catholique, dans le pays arrosé du sang de saint Léon.

(1) *Ipsamque Matrem Ecclesiam, in acquirendis vel acquisitis, pristino in honore restaurent et ad posse, ex stipendiis subjacentium, fideli modo œdificent.* On voit que nos prélats ne se préoccupaient guère des approches de l'*an mille*, qui était l'objet de si grandes frayeurs dans le nord de la France.

III

Restauration des Evêchés de la Gascogne occidentale.

XIᵉ SIÈCLE *(a)*.

Suivons rapidement le cours des événements historiques. Après Arsius, il y eut un ou deux autres *évêques de Gascogne*, dont le nom s'est perdu. Mais, avant le milieu du XIᵉ siècle, apparaît un certain RAYMOND, surnommé *l'Ancien*, qui, suivant l'usage de ses prédécesseurs, dit une charte de Lescar, posséda, outre le siége de Bazas, dont il était titulaire, tous les autres évêchés du comté de Gascogne. Cet évêque mérita la disgrâce du pape et se vit déposé de l'administration de toutes les églises de son immense diocèse. Alors eut lieu, sous l'impulsion d'un concile de Toulouse et d'un grand archevêque d'Auch, saint Austinde, la reconstitution des anciens évêchés ; Bayonne eut son prélat distinct. Ce fut RAYMOND-*le-*

(a) Suite des évêques : N*** ; RAYMOND-*l'Ancien*, vers 1020-1056 : RAYMOND-*le-Jeune*, 1057-1065 (?).

Jeune (neveu de l'Ancien), autorisé, pour un temps, à porter le double titre d'évêque de Bazas et de Labourd. Raymond-le-Jeune, qui fut, sous tous les rapports, un digne évêque, paraît avoir été sacré dès l'an 1057. Avec lui, recommence la chaîne trop longtemps interrompue des prélats de Bayonne, encore appelés *de Labourd*. Notre histoire locale sort enfin de ses incertitudes ; on peut désormais en suivre, sans tâtonner, les principaux développements ; et, chose inestimable pour nous ! elle ouvre, à partir de ce moment, les horizons les plus clairs et les vues les plus nettes sur le culte de saint Léon, unique objet de ce travail.

C'est à présent surtout que nous pouvons nous promettre d'intéresser non-seulement la piété, mais encore le patriotisme de nos lecteurs bayonnais. Nous espérons même que des lecteurs étrangers aimeront à nous suivre dans la voie où des documents peu connus vont guider nos recherches.

I V

Premières traces historique. du Culte de saint Léon : sa porte et son église.

XIᵉ SIÈCLE (a).

A peine le jour commence-t-il à éclairer nos annales diocésaines, que l'on trouve le culte de saint Léon établi à Bayonne dans tout son éclat, ainsi que nous allons le faire voir, après certains préliminaires indispensables.

Raymond-le-Jeune ne tarda pas à s'occuper des intérêts religieux de la cité de Labourd. Il nous apprend lui-même, dans une charte qui parait être de l'an 1060, que le pape Nicolas II, en un concile de Latran (1059), l'avait chargé de recouvrer les biens ecclésiastiques, injustement détenus par les seigneurs temporels, et de rétablir les bonnes mœurs en déracinant tous les vices : qu'en effet, à l'aide et suivant les conseils d'Austinde, archevêque d'Auch, il avait ob-

(a) Suite des évêques de Bayonne : GUILLAUME 1065 (?) ; BERNARD d'Astarac, 1092(?)-1119.

tenu du vicomte de Labourd, Fortun-Sance,
et de son frère, Loup-Sance, qu'ils rendissent
à l'église de Notre-Dame tous les droits et
domaines qu'ils possédaient à son préjudice ;
qu'enfin il avait restauré de son mieux les
combles de la cathédrale et remis tout l'édifice en un meilleur état (1). Remarquons
cette dernière circonstance, qui prouve que
l'église était en ruines, sans toiture ni voûtes,
n'ayant plus que des murailles à demi-ron-
gées par le temps, les pluies, la chaleur et
les gelées. Il y avait pourtant « un cloitre
« où des clercs vivaient d'une manière cano-
« nique, » suivant la même charte.

Citons maintenant les propres termes de
la dernière clause de cet acte important : «Le
« vicomte a donné et *rendu* à Jésus-Christ
« et à sa Mère cette même église, avec ses
« dépendances, depuis la porte orientale

(1)... *Acceptâ donatione à Dompno Nicholao,
Pontifice Romano, in Lateranensi sinodo, et sus-
cepto ab ipso pontificatus officio* pro restauratione
*sanctæ ecclesiæ, in supradictâ civitate, quæ potui
ad posse* sarta tecta restitui et in meliore gradu
opificâ virtute consummavi.

« jusqu'à la PORTE DE SAINT-LÉON, *usque ad*
« *portam Sancti-Leonis* (1). »

La porte de Saint-Léon ! ce mot seul n'est-
il pas un précieux monument de la dévotion
bayonnaise dans le milieu du XIe siècle, et
cette dévotion n'est-elle pas autorisée, comme
entièrement légitime, par le prélat qui a
signé la charte, par le saint archevêque dont
il est le mandataire, et en quelque sorte par
le pape lui-même qui avait ordonné à Raymond de « relever l'église de la cité labour-
« dine? » Sans vouloir rien ajouter au poids
de ces autorités majeures, ne laissons pas
de dire qu'outre les clercs attachés au cloître
de la cathédrale, l'évêque Raymond se dit
assisté de quelques *abbés de son diocèse*
témoins naturels des croyances et des tra
ditions nationales (2).

(1) *Livre d'or,* p. 3. (Voir *Gall. Christ.* t. I.)

(2)... *Cum consilio abbatum qui in nostrâ diœ
cesi sub normâ sanctæ religionis vivunt.* Quel
étaient les monastères gouvernés par ces *abbés*
Outre celui où le frère de saint Léon, Philippe
était mort (Saint-Bernard), nous citerions volon
tiers l'abbaye de Lahonce (en latin *Leuntium,* e

Cette porte de Saint-Léon est appelée, dans la légende, *porte méridionale*, et s'appelle aujourd'hui *porte d'Espagne*. Le nom qu'on lui donnait au Moyen-Age venait de la chapelle qui s'était élevée, non loin de là, sur le tombeau du glorieux Apôtre. Suivant nous, cette chapelle servait d'église capitulaire, depuis que la négligence des usurpateurs avait laissé l'église-mère s'effondrer en partie et devenir absolument inhabitable. Ce qu'il y a de certain, c'est qu'elle fut église paroissiale, puisque, moins de quarante ans après l'épiscopat de Raymond-le-Jeune, Bernard d'Astarac, qui occupa le siége de Bayonne de l'an 1092 à l'an 1119, parle, dans une autre charte, de la *paroisse Saint-Léon*. De plus, le même prélat nous apprend, dans la même charte, qu'on célébrait déjà la *fête de saint Léon* avec une telle solennité, qu'il y avait un *lendemain* et probablement une octave.

basque *Lehonça*), qui appartint plus tard aux Prémontrés, mais qui paraît avoir tiré son nom de l'Apôtre du pays, peu après son martyre.

Voilà donc, dès le xi⁰ siècle, trois témoignages publics du culte de saint Léon : une
fête en son honneur, une *paroisse* sous son
vocable, et une *porte* de la ville honorée de
son doux nom. On ne peut pas y voir une
dévotion purement populaire ; c'était une
pratique officielle et vraiment canonique. A
la vérité, on ne peut pas citer encore l'autorité formelle du Siége apostolique ; mais
cela viendra plus tard.

V

Paroisse et Confrérie de Saint-Léon.

XIe ET XIIe SIÈCLES *(a)*.

Il convient d'entrer dans quelques détails
sur la paroisse de Saint-Léon. On vient de
voir qu'elle avait pour église la chapelle
même du Saint, et qu'elle fut probablement
la seule paroisse de Bayonne tant que dura

(a) Suite des évêques : GARCIAS (1119-1121 ;
RAYMOND de Martres (1121-1125), appelé le *fonda-*
teur de la patrie bayonnaise ; ARNAUD-LOUI d
Bessabat (1125-1137) ; ARNAUD de Formatel o
Romated (1137-1149).

la désolation de la cathédrale. Mais quand l'évêque et les chanoines purent reprendre les offices capitulaires dans leur église restaurée, la banlieue fut détachée de la ville pour le service religieux et forma une paroisse distincte, dont les limites s'étendaient, le long de l'Adour, depuis la rive gauche de la Nive jusqu'à la mer. Là se trouvaient les grands quartiers d'Urcos et de Brindos, qui payaient au chapitre des dimes importantes, en sa qualité de *curé primitif*. L'ensemble du territoire prit le nom d'*Anglet*, ou *Angles* d'après un titre de 1188, probablement à cause de sa configuration anguleuse, selon un usage assez répandu en Gascogne, où plusieurs lieux se nomment *les Angles*, pour la même raison. Quoi qu'il en soit, la paroisse actuelle d'Anglet est la même que l'ancienne paroisse de Saint-Léon, et nous dirons dans la suite comment l'église fut transférée où elle est maintenant.

Située aux portes de la ville, l'église de Saint-Léon était un lieu de pèlerinage qui attirait de toutes parts les malades, les âmes affligées, tous ceux qui voulaient obtenir du

Ciel quelque faveur extraordinaire. C'est l
auprès des reliques du bien-aimé Patro
que s'opéraient en effet, dit un auteur con
temporain (1), « de très nombreux miracl
« en faveur des femmes exposées aux péri
« de l'enfantement, des marins en but
« aux dangers de la mer ou à la cruau'
« des ennemis, et même en faveur des an
« maux, que l'on venait recommander à
« garde du Saint contre la dent des lou|
« et diverses maladies. » C'est non loin c
là qu'on croyait trouver une vertu favorab
dans l'eau de la fontaine qui avait jailli a
contact de la tête du vénéré Martyr et qu'o
appelle encore *la fontaine de Saint-Léon*.

Aussi vit-on se former, dans ce bé
sanctuaire, une confrérie nombreuse do|
le curé ou vicaire perpétuel de la chapel
était le *prieur*, et que nous verrons plus tar
devenir l'objet des bénédictions du Sain
Siége. Ce n'est pas tout : auprès de l'églis
il se fonda un hôpital, tenu par des confr
res et des confréresses de Saint-Léon, au

(1) Ancien bréviaire : *petite Légende; ap. Bol*

quel, dit le chanoine Veillet (1) « diverses
« personnes laissaient du bien, à condition
« d'y être nourries et entretenues durant
« leur vie. » Cet hôpital, désigné d'abord
sous le nom de *Saint-Nicolas*, finit par ne
porter que le nom plus populaire de *Saint-
Léon*, et, comme tout le quartier suburbain,
il était une propriété féodale du chapitre,
qui eut à le défendre contre une sorte de
concurrence que lui avaient préparée, sur
les lieux mêmes, les chevaliers de Saint-
Jean - de - Jérusalem. Ceux-ci possédaient
une puissante commanderie, de l'autre
côté de l'Adour, dans le quartier de Saint-
Esprit, où, suivant leur règle, ils exerçaient
l'hospitalité envers les malades et les pèlerins. Or, un bourgeois de Bayonne leur
offrit des ressources pour fonder un hôpital
nouveau, à côté de celui de Saint-Nicolas.
Le chapitre s'en émut, dans l'intérêt de ce
dernier établissement, s'opposa au projet,
et finit par obtenir que les chevaliers se
contenteraient du bien qu'ils pouvaient faire

(1) 2e Part. ch. 4.

autour d'eux. Ainsi l'hôpital de Saint-Nicolas resta seul en possession de recueillir les malades, sous la bonne garde des confrères de Saint-Léon et à l'ombre de son autel.

VI

Procession des magistrats de Bayonne, en l'honneur de saint Léon (a).

C'est au temps le plus reculé que remonte une cérémonie symbolique et solennelle où la dévotion bayonnaise envers saint Léon se manifestait, non-seulement d'une manière populaire, mais avec toute la pompe des fêtes nationales. Nous voulons parler d'une sorte de procession civile qui avait lieu, tous les ans, le matin de la Pentecôte, qu'on regarde comme le jour anniversaire ou commémoratif de la première entrée du bienheureux Apôtre dans les murs de Bayonne.

Réunis de bonne heure à l'hôtel-de-ville,

(a) Suite des évêques : FORTANER (1151-1173) PIERRE-BERTRAND d'Espelette (1174-1178); ADHÉMAR (1179-1186); BERNARD de Lacarre (1186-1201).

tous les magistrats de la cité (1) envoyaient trois délégués vers la chapelle de Saint-Léon : c'étaient les deux syndics et le trésorier, qui, en silence et portant des cierges éteints, allaient répandre autour de la chapelle des rubans et des fleurs ; après quoi ils déposaient les cierges, toujours éteints, sur un autel de la petite église. Que signifiait cette ambassade? Elle rappelait la sortie de ces habitants qui, ayant rencontré, d'après la légende, saint Léon et ses deux frères en prières à la porte de la ville, vinrent avec transport en porter la nouvelle à leurs concitoyens.

Revenus à l'hôtel-de-ville, les syndics rendaient compte de leur mission ; et aussi-

(1) On peut voir les formes successives de l'administration communale de Bayonne dans les *Etudes historiques* de Jules Balasque, qui a traité cette question d'une manière magistrale. Il suffit de dire ici que le corps de ville (ou conseil municipal) fut assez longtemps composé : 1º d'un maire et d'un lieutenant de maire ; 2º de six *jurats,* consuls ou échevins; 3º de *cent-pairs*, ou notables *élus.* Qu'on juge par là de l'éclat que devait avoir la cérémonie qui va être décrite.

tôt, tous les magistrats en grande tenue, précédés du gouverneur de la ville et suivis des principaux habitants, se dirigeaient gravement vers le lieu désigné. Là, ils commençaient par fouler aux pieds les rubans et les fleurs jetés sur le sol par les députés, signifiant ainsi, dit un vieux catéchisme, « les superstitions et les vanités « du paganisme auxquelles les Bayonnais re- « noncèrent à la prédication de saint Léon. » Puis, on leur remettait les cierges allumés, et c'est dans cet appareil que, parcourant de nouveau la Grand'Rue, ils arrivaient à la cathédrale, où ils déposaient les cierges dans le chœur, en mémoire des « lumiè- « res de la foi qui avaient éclairé la ville « et dissipé les ténèbres du paganisme. »

Cette belle cérémonie s'est maintenue jusqu'à la grande révolution. Nous le répétons elle avait lieu tous les ans, et chaque année le peuple y portait un nouvel intérêt. A point de vue de l'histoire de saint Léon elle est d'une importance capitale, comme monument des convictions populaires au sujet de la mission de l'Apôtre bayonnais

En effet, il y a dans ce cérémonial, tel qu'on vient de l'exposer, des figures saisissantes de l'ancienne idolâtrie et de la conversion à la foi du peuple de Labourd ; et ces figures confirmaient d'âge en âge l'autorité des récits de la légende : car elle se trouvait, pour ainsi dire, mise en action et symboliquement reproduite par les magistrats civils, unis au clergé qui les accueillait dans l'église cathédrale.

A la vérité, rien ne rappelait le martyre et la mort de saint Léon ; mais ces dernières circonstances avaient une commémoraison encore plus expressive dans la procession générale qu'on célébrait tous les ans, le 1er mars, et qui amenait d'immenses multitudes au lieu de la décollation et de la sépulture du Bienheureux.

En somme, de pareilles fêtes sont la meilleure preuve de la vérité des traditions locales, et nous souscrivons très volontiers à cette affirmation du catéchisme déjà cité : « Nul esprit raisonnable ne se « persuadera que tout un peuple ait tou- « jours cru constamment, depuis tant de

« siècles, qu'un saint, nommé Léon, a
« prêché la foi dans ces pays, et y a souf-
« fert le martyre ; que ce peuple ait pra-
« tiqué des cérémonies si marquées, pour
« en conserver la mémoire, si la chose
« n'était pas véritable dans son principe.
« Ainsi, on ne peut sans témérité disputer
« du fond de l'histoire, quoiqu'on en ignore
« quelques circonstances. »

VII

Ancienne Messe chantée de saint Léon.

XIIIe SIÈCLE *(a)*.

Il reste un autre monument liturgique du
culte de saint Léon, dans ces temps reculés :
c'est une *Messe propre*, composée en son
honneur, et conservée dans un vieux missel
manuscrit du XIVe siècle. Ce n'est pas un
missel pour le prêtre officiant, mais un
livre *noté* à l'usage du chœur, en très beaux

(1) Suite des évêques : RAYMOND ARSIUS de Na-
vailles, d'après Compaigne (v. 1205) ; RAYMOND de
Luc (1213) ; RAYMOND de Donzac (1213-1257).

caractères et sur parchemin. Il contient, entre autres chants, six messes ; et en tête de toutes, une messe de saint Léon : *in festo sancti Leonis.* Or, dans cette messe, le *Graduel* constate en termes précis le caractère épiscopal de notre Saint, qui, « élevé sur un trône de prélat, est-il dit, « n'a pas subi le contact des pervers » (1). A la communion, voici ce que le chœur chantait : « Au moment où la tête bénie « tombe sous le glaive, une source jaillit de « terre au premier coup » (1).

On le voit : la liturgie consacrait les récits de la tradition jusque dans la circonstance la plus merveilleuse du martyre de saint Léon ; et cette fontaine qui coule encore était publiquement célébrée comme un emblème de la grâce eucharistique que les

(1) *Ad* PRÆSULIS *solium Leo sublimatus ,*
Pravorum consortium non est imitatus.

(2) *Dum cecidit gladio caput benedictum.*
Fons manat e medio terræ cum dat ictum.
Remarquez ces espèces d'hémistiches *rimés,* si familiers aux chants liturgiques du Moyen-Age, dès le XIIᵉ siècle. *(Bibliothèque de Bayonne.)*

fidèles recevaient à la Sainte-Table. Répétons que le manuscrit est au moins du XIVe siècle. Mais il est probable que la messe de saint Léon était plus ancienne, comme les autres messes qui la suivent, ainsi que les *Gloria*, les *Sanctus* et les *Agnus Dei* qui terminent le précieux volume. Ces diverses compositions dénotent, suivant nous, soit par leur forme littéraire, soit par leur mélodie, la manière du XIIe au XIIIe siècle.

Un mot, par occasion, sur les belles hymnes qui se chantent encore à la procession annuelle de saint Léon. On ne doit pas les chercher dans les vieux manuscrits, car elles sont évidemment modernes. Mais elles ont le mérite de résumer, dans un rhythme très correct, les récits et les sentiments de la piété bayonnaise, tels qu'ils se trouvaient plus naïvement formulés dans les chants du Moyen-Age. Ajoutons que les airs sur lesquels on les exécute, paraissent, d'après des connaisseurs très habiles, venir d'une époque beaucoup plus ancienne, et respirent admirablement le génie musical de la race euskarienne.

VIII

Origine de la Légende de saint Léon et ses auteurs probables.

XIIIe SIÈCLE (a).

C'est ici le lieu d'étudier avec soin la légende de saint Léon, non plus au point de vue de son autorité, déjà discutée dans l'INTRODUCTION de ce livre, mais au point de vue de son origine et de sa conservation à à travers les âges.

Elle se présente sous deux formes distinctes : l'une plus courte, l'autre beaucoup plus longue ; l'une et l'autre divisées en *neuf* leçons, *trois* pour chacun des trois *Nocturnes* de l'office divin. Il nous parait démontré que la *petite* légende était seule insérée dans les bréviaires à l'usage du commun des prêtres, et que la *plus longue*, déposée au chœur de la cathédrale, ne se récitait que par les chanoines dans leur office capitulaire. C'est l'*abrégé* que l'on trouve dans le vieux bré-

(a) Suite des évêques : SANS de HAÏTE 1259-1278 ? : DOMINIQUE de MANS 1279-1302).

viaire cité par l'historien de Guipuzcoa et
Jules Balasque, tandis qu'un procès-verbal
officiel nous apprend que la grande légende
fut extraite, en 1633, du « manuscrit ori-
« ginal qui se conservait AU CHŒUR de l'église
« cathédrale de Bayonne (1). »

D'où venaient ces deux légendes, en particulier la plus étendue? et quels en étaient
les véritables auteurs? Voici quelques indications, dont il est impossible aujourd'hui
de contrôler la parfaite exactitude, mais
dont les savants Bollandistes n'hésitent pas

(1) *Acta Sanct.* 1 Martii, p. 90. — Il en avait été
fait, en 1580, une traduction française, dont la copie
collationnée se trouve aux *Archives* des Basses-
Pyrénées. — René Benoît, cité par les Bollandistes, rapporte de son côté qu'il lui en fut gracieuse-
ment envoyé, le mois de juillet 1570, une copie
authentique par l'*évêque et le chapitre de Bayonne*.
1570 : c'est la date la plus ancienne que nous
connaissions, en fait de *copies* authentiques du
manuscrit original. En résumé, on connaît *trois*
copies collationnées de la vie de saint Léon :
1º celle de 1570, envoyée à René Benoît; 2º celle
des *Archives départementales;* 3º celle, dont on
parlera plus bas, envoyée à Rouen en 1633.

à se faire les organes. Trois hommes de mérite auraient la principale part à la rédaction de la Vie de notre Saint : Jean *Pahen* ou Paken, l'abbé *Robert* et le cardinal *Guillaume*.

Jean PAHEN nous est connu : c'est le vicaire-général de saint Léon à Rouen, celui-là même qu'on a vu venir prier, à Bayonne, sur le tombeau du bienheureux Martyr (1). Il paraîtrait que ce fidèle ami avait consacré une notice à son ancien archevêque : nul ne pouvait en parler avec plus de compétence.

ROBERT fut abbé de Saint-Sauveur-le-Vicomte, au diocèse de Coutances, depuis l'an 1188 jusque vers l'an 1230. On comprend que, supérieur d'un nombreux monastère de bénédictins, il était à même de recueillir les traditions et les mémoires relatifs à la vie de saint Léon dans la province de Rouen. Le pape l'avait désigné, dit-on, pour examiner les *actes et les miracles* du Saint.

Le même pape, qui était Grégoire IX,

(1) Voir plus haut, pag. 135 et suiv.

choisit dans le Sacré-Collége un autre exa-
minateur du nom de GUILLAUME, cardinal
du titre de saint Laurent, d'après le document cité par les Bollandistes. Ici, nous
éprouvons un véritable embarras, parce
que, dans les catalogues des cardinaux
connus, on n'en retrouve aucun de ce nom
et de ce titre, à l'époque de Grégoire IX, qui
régna de 1227 à 1241. Les Bollandistes désignent un Guillaume, créé cardinal en
1244. Mais, cette année-là, Inocent IV occupait le trône pontifical. De plus, ce Guillaume était cardinal évêque de *Sabine* et
non du titre de *saint Laurent ;* enfin son
histoire nous le montre légat en Livonie,
en Suède, et en Norvége, jamais employé
dans les affaires de France. Il faut donc en
chercher un autre. Supposerons-nous que
le cardinal délégué par le pape, pour le
procès de la canonisation de saint Léon, a
été oublié dans les divers catalogues? L'hy-
pothèse n'aurait rien d'absurde. Mais peut-
être est-il plus simple de dire qu'il y a une
double erreur de noms dans le texte, et qu'il
faut lire *Gilles*, cardinal-diacre du titre des

saints Côme et Damien, qui fut promu en 1216 et vécut jusqu'en 1254. Celui-ci était espagnol de naissance, ancien chanoine de Burgos ; cette origine même pouvait l'intéresser à notre pays, dont il était né voisin et où il avait dû passer bien des fois (1).

Quoi qu'il en soit, ce serait toujours dans la première moitié du XIIIe siècle qu'auraient été compulsés et examinés par ordre du pape les documents qui nous font connaitre la VIE de saint Léon, et, qui constituent la *légende* d'après laquelle nous avons écrit son histoire détaillée. Toutefois, il ne paraît pas qu'on doive en attribuer la première rédaction aux deux examinateurs du XIIIe siècle : elle est plus ancienne, et Jean l'ahen peut en être considéré comme le véritable auteur, dans ses parties principales, à n'en juger que par le style : c'est un latin du Xe au XIe siècle, tel qu'on le trouve dans la plupart des écrivains de cette époque. Ce sont des incorrections sans nombre, des tournures et des mots barbares, des agen-

____

(1) *Dictionn.* de Moréri, art. CARDINAUX.

cements de phrases que le siècle de saint Bernard et surtout celui de saint Thomas d'Aquin avaient généralement répudiés. Il se trouvait à Bayonne, dans la première moitié du xiiie siècle, des hommes éminemment capables, ainsi qu'on le verra tout à l'heure, des hommes d'un savoir égal à leurs vertus, et qui, chargés d'écrire la vie du Bienheureux, auraient pu le faire dans un très beau langage. On ne saurait leur attribuer raisonnablement les étrangetés de style qui fourmillent dans la légende (1). Ces étrangetés appartiennent à une époque littéraire plus ancienne, au temps le plus voisin de l'apostolat et du martyre de saint Léon. Les derniers compilateurs durent se faire un scrupule de trop changer le texte primitif; et, s'ils y changèrent quelque chose, ils se bornèrent à quelques améliorations, qu'un lecteur attentif remarquera sans peine dans un certain nombre de phrases.

En résumé, on peut croire qu'il fut rédigé

(1) Il s'agit de la grande légende : la petite est moins défectueuse, sans toutefois être élégante.

une première *Notice* par Jean Pahen, de concert avec Philippe ; que cette notice, copiée et recopiée par différentes mains, dans le cours du xe et du xie siècle, se conserva plus ou moins intègre, quoique toujours exacte quant au fond, jusqu'à la réorganisation du diocèse ; et qu'alors elle reçut sa forme *liturgique*, telle à peu près que nous la possédons dans les deux légendes, où l'on retrouve, au milieu de tournures de phrase relativement modernes, ces locutions de *basse latinité* que nous avons signalées, et qui ne sont que des extraits consciencieux des copies antérieures. N'oublions pas que c'est sous cette dernière forme qu'on la gardait religieusement « au chœur de la cathédrale », d'où elle fut tirée, en un temps où la critique hagiographique se montrait excessivement sévère.

Néanmoins, nous n'entendons pas la justifier sans réserve, jusque dans les moindres détails, en particulier dans de trop palpables anachronismes. Elle n'est irrécusable, à nos yeux, que pour l'ensemble, pour les grands faits, sans excepter les miracles ; en un mot pour tout ce qui constitue l'histoire précise de l'apostolat de saint Léon dans notre beau pays.

VIII

Canonisation de saint Léon.

Le même texte qui nous a fait connaitre les auteurs probables de la légende, nous apprend en quelques mots que le « pape Gré- « goire (IX) canonisa saint Léon et le mit « dans le catalogue des saints. (1) » Ces deux lignes sont d'un immense intérêt pour la piété bayonnaise, qui ne saurait désirer mieux que de voir le culte de son patron autorisé par la grande voix du siége apos- tolique. Malheureusement on ne possède aucun autre témoignage que celui-là sur le fait si important de la canonisation pontifi- cale de saint Léon, et nous n'avons rien obtenu des recherches qu'un savant évé-

(1) .....*Summi pontificis Gregorii qui ipsum S. Leonem canonisavit et sanctorum catalogo anno- tavit.* (Ap. Bolland, t. 7, page 90, n° 3.)

que., ancien supérieur du séminaire de
Bayonne (1), a daigné entreprendre, pour
notre compte, aux archives du Vatican.
Mais il faut observer que ces « deux lignes »
si précises se lisaient en tête de la grande
légende, et que, dès lors, elles ont une sorte
de valeur liturgique, valeur sérieuse et d'un
grand poids, quand il s'agit de l'histoire des
saints.

Au reste, on peut dire qu'une bulle éma-
née de Grégoire IX, ou de tout autre pape,
devait être moins une sentence solennelle
de canonisation, proprement dite, qu'une
approbation, une ratification d'un culte déjà
existant par le fait. On a vu plus haut la
dévotion de saint Léon en honneur à
Bayonne, bien avant l'époque où les papes
commencèrent à se réserver le soin de ca-
noniser les saints. Elle était donc de celles
que Rome approuva longtemps par son silence et qu'elle ne rejeta jamais par un acte

(1) Mgr Baillès, évêque démissionnaire de Luçon,
consulteur de diverses congrégations, décédé à
Rome, en 1873.

authentique, de celles qui, pratiquées durant
de longs siècles, dans un diocèse ou une
province ecclésiastique, devaient finir par
obtenir un jour la confirmation de l'Eglise
mère et maitresse des autres. Mais cette
confirmation n'exigeait pas les longues
procédures et les émouvantes solennités
des canonisations modernes. Un simple rapport et un simple *Bref* pouvaient y suffire ;
et c'est à cela probablement que se réduisit
la canonisation dont parle le texte qui nous
occupe. Qu'on n'aille pas prétendre que
cette canonisation pût passer, sans titre suffisant, à la faveur des ténèbres du Moyen-
Age. Vaine argutie : car il est certain qu'à
l'époque où nous sommes parvenus, le diocèse de Bayonne comptait au sein de son
clergé, ainsi que nous l'avons dit déjà, des
hommes d'un grand mérite, dont quelques-
uns furent des flambeaux pour l'Eglise universelle.

Citons les plus marquants de ces hommes
de mérite : ce sont des témoins bien res-
pectables du culte de saint Léon, dans les
siècles passés.

IX

Hommes distingués qui ont entretenu la dévotion à saint Léon, dans le Moyen-Age.

XIIIe ET XIVe SIÈCLES (a).

Sans parler des magistrats et des citoyens qui jouèrent un si beau rôle dans l'administration des affaires communales et politiques, quels hommes distingués le clergé séculier et les ordres religieux offrent à nos respects dans le XIIIe et le XIVe siècles ! Signalons en premier lieu les évêques.

Après BERNARD *de Lacarre*, qui ferme le XIIe siècle avec tant d'éclat, après avoir obtenu du pape Célestin III un troisième dénombrement des biens du diocèse, on trouve sur le siége de Bayonne RAYMOND-GUILLAUME *de Donzac*, qui régna depuis l'an 1213 jusqu'en 1257. Prélat d'une grande piété, il se voua principalement à la construc-

(a) Suite des évêques : ARNAUD-BERNARD de Montagne (1304-1308); PIERRE de Maremne (1309-1312); BERNARD de Ville, ou de Biéle (1316-1319); PIERRE de Maslac (1316-1318).

tion de notre belle cathédrale, et il eut la joie de terminer tout le chevet de l'église, c'est-à-dire le sanctuaire, les chapelles rayonnantes et, en partie, le transept, ainsi que la première travée de la nef. Or, une œuvre si remarquable prouve, à elle seule, une très haute capacité (1). C'est au temps de

(1) Donnons, à cette occasion, le tableau chronologique des constructions successives de la cathédrale. Nous l'empruntons aux *Recherches historiques* du chanoine Veillet, 3e partie.

Les premiers fondements furent jetés, dans le milieu du XIIe siècle, vers l'an 1140. — Le sanctuaire, les chapelles rayonnantes, avec le *deambulatorium* et leurs voûtes, ainsi que le transept et la première arcade de la nef, appartiennent au XIIIe siècle. Dès le commencement du XIVe siècle, vers 1302, les bas-côtés étaient avancés, le premier étage du clocher était bâti, et vers l'an 1335 on commença la voûte de la grande nef, qui ne fut achevée que dans les premières années du XVe siècle, sous la domination des Anglais. — Le cloître appartient au milieu du XIVe siècle; les petites chapelles, du côté de la rue, ont été construites en divers temps (la grande chapelle, qui est vis-à-vis, a été bâtie de nos jours, sur l'un des côtés du cloître, ainsi que la sacristie). Vers l'an 1501, on continua le clocher (qui n'a été couronné

son long épiscopat (44 ans) que se rapporte ce qui a été dit plus haut de la légende et de la canonisation de saint Léon. C'est encore de son temps que se produisit une touchante manifestation de la piété des fidèles envers le Bienheureux : on vit un grand seigneur, le vicomte même du Labourd, Bertrand de Sault, porter sa dévotion jusqu'à vouloir mourir à l'hôpital Saint-Nicolas, près des reliques de saint Léon (1).

Les successeurs de Raymond de Donzac, SANS *de Haïtze* et DOMINIQUE *de Mans*, sans l'égaler en mérite, ne laissèrent pas de faire honneur au siége de Bayonne, durant la seconde moitié du XIIIe siècle. S'ils n'avancèrent pas beaucoup les travaux de la nou-

de sa belle flèche qu'en 1874). — Enfin, le portail occidental a été plus ou moins remanié, à diverses époques, depuis le XVe jusqu'au XVIIIe siècle.

(1) Nous avons dit vicomte *du* Labourd et non pas *de* Labourd, parce que, depuis que la ville de Bayonne était devenue *commune royale,* l'ancienne vicomté se trouvait réduite au reste du pays. La vicomté *du Labourd* finit par n'être plus qu'un *bailliage,* dont Ustaritz fut toujours le chef-lieu (Voir Balasque, *Etud. histor.*).

velle cathédrale, ils virent s'établir ou se consolider, auprès de leur chaire épiscopale, plusieurs communautés importantes, entre autres les Carmes, les Augustins, les *Corde-liers*, ou frères mineurs de Saint-François, et les *Jacobins* ou frères prêcheurs de Saint-Dominique (1).

Les frères mineurs eurent à Bayonne un couvent assez nombreux, d'où sortit l'un des plus célèbres controversistes de l'époque, Bertrand Bélac, qui devint provincial d'A-quitaine et qu'on surnommait le *Bigle de Bayonne*, parce qu'il était louche. Saint Louis régnait en France ; sous son autorité protectrice les ordres religieux, en particu-lier ceux de Saint-François et de Saint-Do-minique, prirent une extension prodigieuse, pendant que l'Université de Paris atteignait, dans le monde entier, son plus haut degré d'éclat et de considération. De toutes parts on venait s'instruire à cette illustre école, qui compta parmi ses disciples et ses doc-

(1) Voir *Etud. histor.* par J. Balasque, tome 2, chap. XV.

teurs le dominicain saint Thomas et le fran-
ciscain saint Bonaventure, avec beaucoup
d'autres religieux. C'étaient d'admirables
recrues pour l'Université. Mais il y eut des
docteurs qui, par jalousie ou pour d'autres
motifs, attaquèrent les moines avec une
sorte de frénésie : tel fut surtout le fameux
Guillaume de Saint-Amour. Celui-ci porta
si loin ses invectives, que saint Louis dut
s'en mêler et qu'il le déféra au tribunal du
Souverain-Pontife, ayant soin d'envoyer,
pour le réfuter, les plus savants d'entre les
Frères. Les conférences eurent lieu dans la
ville d'Agnany, où le Pape résidait alors.
Saint Thomas et saint Bonaventure y as-
sistaient, ainsi que leur maître Albert-le-
Grand. Mais tous les historiens nous apprennent que celui qui finit par réduire au silence
le fougueux Guillaume de Saint-Amour, ce
fut notre cordelier Bertrand, le *Bigle de
Bayonne* (1).

(1) Voici la fin du dialogue entre les deux controversistes. Pressé et subjugé par la vive argu-
mentation de son adversaire, Guillaume lui dit
avec humeur : « Vous êtes ou un ange du ciel, ou

N'est-on pas heureux de pouvoir compter un pareil personnage au nombre des dévots de saint Léon? Mais il y en eut, bientôt après, un autre encore plus distingué dans l'ordre hiérarchique : c'est le cardinal Guillaume Gaudin, né à Bayonne, dans la rue Bourgneuf, et religieux profès du couvent des Dominicains de notre ville. Après avoir été professeur de théologie dans le couvent de son ordre à Paris, il devint provincial de Toulouse, puis lecteur du Sacré-Palais à Avignon, où les papes s'étaient fixés, et enfin cardinal, évêque de Sabine, en l'année 1312. Nous le regardons comme l'un des plus zélés défenseurs de la foi et de la piété des Labourdins. Ce qui est incontestable, c'est que jamais il n'oublia les intérêts religieux de sa patrie. Ses largesses contribuèrent à la construction du magnifique cou-

« un démon de l'enfer, ou le Bigle de Bayonne. » A quoi le cordelier répondit froidement : « Je ne « suis ni un ange du ciel, ni un démon de l'en- « fer ; je suis le *Bigle de* Bayonne »..... A votre service, aurait-il pu ajouter en bon gascon qu'il était.

vent de son ordre, aujourd'hui remplacé par l'*hôpital militaire*. La construction de la cathédrale fut reprise avec une nouvelle ardeur, grâce à ses abondantes aumônes, et c'est à lui que nous devons les voûtes du transept et des deux premières travées de la nef, où l'on voit ses armoiries aux pendentifs des clefs de voûte. Il mourut à Avignon, en 1336, après 24 ans de cardinalat.

Certes, le peu qu'on vient de lire prouve surabondamment le mérite des communautés religieuses de Bayonne dans le xiiie siècle, et l'on comprendra que nous attachions un grand prix à leur témoignage en faveur du culte de saint Léon. Quand le peuple voyait à la procession générale du 1er mars les longues files des Carmes, des Augustins, des Franciscains et des Dominicains, il ne pouvait s'empêcher d'être encouragé dans ses vieux sentiments par les hommages publics que ces hommes vénérables rendaient à l'apôtre du Labourd, en union avec le premier pasteur du diocèse, le chapitre, tout le clergé séculier et ses premiers magistrats.

X

Episode de Pès de Puyanne. Grand Schisme d'Occident.

XIVᵉ SIÈCLE (a).

L'histoire du cardinal Guillaume Gaudin nous a conduits à la première moitié du XIVᵉ siècle, dont nous aurions à louer longuement la dévotion continue à l'égard de saint Léon, mais auquel néanmoins nous ne voulons emprunter qu'un seul fait, d'autant plus significatif qu'il se mêle à des événements plus tragiques.

La ville de Bayonne et le pays de Labourd étaient politiquement et civilement séparés l'un de l'autre, depuis qu'il n'y avait plus de vicomte. Le Labourd formait un bailliage, dont le chef-lieu était à Ustaritz, où se te-

(a) Suite des évêques : PIERRE de Saint-Jean (1318 - 1354); GUILLAUME du Pin (1356-1359); GUILLAUME-VITAL de Saint-Jean (1359-1370); PIERRE d'Oraich (1371-1380); Schisme d'occident : BARTHÉLEMY d'Arribeire (1383-1392); anti évêques, *Nicolas* (1383), *Garcias* d'Euguy (1385-1390).

naient les états généraux. Ville *de Commune*, Bayonne s'administrait elle-même, sous la souveraineté des rois d'Angleterre (1). Mais, non contente de sa gloire intérieure, elle prétendit, en dehors de ses murailles, à des droits juridictionnels sur les rives de l'Adour et de la Nive, aussi loin que remontaient les plus hautes marées. Cette juridiction lui fut contestée par les Labourdins, qui voulurent en borner l'étendue jusqu'au pont de *Proudine* (2). Il en résulta des querelles et trop souvent des luttes violentes, soit de particuliers à particuliers, soit même de bandes à bandes. Ce fut bientôt une véritable guerre civile, avec ses conséquences les plus horribles.

Pès, ou Pierre de Puyanne était alors maire de Bayonne. Ardent citoyen, il poussa le patriotisme jusqu'à la férocité. On l'avertit

(1) On sait que les rois d'Angleterre furent maîtres de la Gascogne et de Bayonne, trois siècles durant ; depuis 1152 jusqu'en 1451.

(2) Ce pont de *Proudine* était sur la Nive, d'après Veillet, à un quart de lieue au-dessus de la ville (2ᵉ part., ch. 24),

un jour que les Labourdins étaient réunis en nombre, dans un vieux château, où ils concertaient les meilleurs moyens de soutenir la lutte (1). Il y court aussitôt, à la tête d'une colonne armée, et parvient à se saisir de cinq gentilshommes des plus qualifiés du pays : deux de la maison de Sault, un autre de celle de Saint-Pée, puis un d'Urtubie et un Lahet, de Sare. Ce pouvaient être d'utiles otages ; Pès de Puyanne en fit odieusement des victimes. Il les fit attacher sous les arches du pont de *Proudine*, afin qu'ils fussent noyés à la marée montante. Tous les cinq périrent, en effet, de ce vil et lent supplice. A cette nouvelle, un cri de vengeance retentit dans les campagnes, et de toutes parts, les paysans furieux donnèrent la chasse aux bourgeois de la ville, tuant et massacrant sans pitié ceux qui leur tombent sous la main. Naturellement ceux de Bayonne usèrent de représailles et mirent à

(1) Ce château est celui de *Miots*, dont il ne reste que quelques ruines, sur le territoire de Villefranque.

mort bon nombre de campagnards. On finit pourtant par se lasser de cette affreuse boucherie, et les deux partis remirent la décision de leurs différends à un arbitre amiable, Bernard d'Albret, vicomte de Tartas. Celui-ci rendit une sentence, qui fut un peu modifiée par le prince Edouard, fils du roi d'Angleterre (11 avril 1357). Les limites de la juridiction de Bayonne furent fixées et les marchands du Labourd jouirent en ville de certaines exemptions. Quant au passé, Bayonne fut tenue, outre une amende, de fonder six prébendes pour le repos des âmes des cinq gentilshommes ; les bannis furent rappelés de part et d'autre ; enfin la sentence arbitrale prescrivit un oubli total du passé. En conséquence, il fut juré « une concorde perpétuelle. » Mais, ce qu'il importe de noter ici, c'est sur *l'autel de saint Léon* que le traité de paix dut être signé par les deux partis, tant on était persuadé qu'il ne pouvait pas se trouver un médiateur ou une caution comparable à l'Apôtre de la cité et du pays.

C'est ainsi que tout concourait à l'éclat du

culte de saint Léon. Il ne fut pas même entamé par une terrible épreuve qui vint, tout-à-coup, assaillir l'Église universelle. On sait que la fin du xive siècle fut agitée par le grand schisme d'Occident qui, commencé en 1378, était à peine terminé, en 1419, par le concile de Constance ; on sait aussiqu'il y eut alors deux obédiences, sous deux papes distincts et qu'à Bayonne, comme dans beaucoup d'autres diocèses, il y eut deux évêques à la fois, l'un résidant à Bayonne même et l'autre à Saint-Jean-pied-de-port (1). Ce fut, on le conçoit, une crise funeste pour la religion ; mais les croyances générales n'en furent pas atteintes, heureusement, et le culte de notre saint Léon, loin de dépérir, parut s'accroître sous le coup des malheurs publics.

(1) La majorité du chapitre (huit chanoines sur douze) restait à Bayonne. Saint Jean-pied-de port n'eut jamais que quatre chanoines.

XI

La ville de Bayonne et le Labourd à la fin de la domination anglaise.

xvᵉ SIÈCLE (a).

Ce culte resta donc en pleine et paisible possession des âmes durant tout le xvᵉ siècle. On continuait à venir prier au tombeau du Bienheureux ; son église attirait toujours les Bayonnais, malgré les magnifiques agrandissements de la cathédrale et on avait encore à signaler d'éclatants et nombreux miracles, opérés par la vertu de saint Léon.

Reconnaissons pourtant que le principal intérêt de l'histoire de Bayonne, à cette époque, se concentre sur les admirables dé-

(a) Suite des évêques : GARCIAS *Menendez* (1394-1405); anti-évêque, *Pierre* du Vernet 1406-1416 ; GUILLAUME de Laborde 1413-1444 ; anti-évêque, *Pierre* de Mauloc 1417-1419 ; GASSERAND ou *Garcias* de la Sègue (1444-1453); JEAN de Maruilh (1454-1464); JEAN de Laur (1466-1488); JEAN de la Barrière (1489-1504).

veloppements de sa vie municipale. On peut dire que la ville de Bayonne fut, sinon la première, au moins l'une des premières communes de France, grâce aux nombreux priviléges, aux sages coutumes et à l'organisation intérieure qu'elle sut obtenir des rois d'Angleterre, dont elle releva pendant trois siècles, moins un an.

Mais la domination anglaise allait enfin cesser. Ce n'est pas ici le lieu de dire les longues guerres de l'Angleterre et de la France, au sujet de la Guienne et de la Gascogne. Après d'innombrables combats, mêlés de victoires et de revers, les Anglais se virent refoulés de toutes parts, et il ne leur restait plus, dans nos contrées, que la place de Bayonne. Dunois et Gaston de Foix-Béarn vinrent en faire le siége, au nom de Charles VII et s'en rendirent maîtres, le 15 août 1451, après avoir brûlé, disent nos chroniqueurs, « les églises et les maisons des faubourgs. » Mais ajoutons aussitôt que les flammes respectèrent, au milieu de ce grand désastre, l'église et l'hôpital de Saint-Léon.

Redevenue ville française, Bayonne ne

tarda pas à voir dans ses murs le roi de France et toute la cour. Louis XI y parut au mois d'août 1464, et nul doute qu'il ne faille compter parmi les pèlerins de saint Léon ce monarque qui accomplit alors même son célèbre pèlerinage de Sarrance. Ce qu'on sait d'une manière positive, c'est qu'il fit une fondation, qui n'est pas indifférente à notre sujet. Il existait, au bout du pont, sur la rive droite de l'Adour, un hôpital bâti en 1220, par trois bourgeois de Dax, sous le nom d'hôpital du *Saint-Esprit*, d'où est venu le nom moderne de tout le quartier, appelé jusque-là « cap du pont, » *in capite pontis* (1). Cet hôpital, distinct de celui que tenaient les chevaliers de Malthe, au pied du *fort*, occupait l'emplacement de l'église actuelle et de ses alentours. C'était un simple prieuré : Louis XI le transforma en *collégiale*, composée de douze chanoines et un doyen, mettant ainsi la prière publique à la place de l'hospitalité et laissant, de plus en plus, le soin des pèlerins et des malades aux

____

(1) *Gall. Christ.*, t. I, *Eccl. Aquensis*, p.

confrères de Saint-Léon, dans l'antique hôpital de Saint-Nicolas, hors les murs.

XII

Le protestantisme. Translation des reliques de saint Léon à la cathédrale.

XVIᵉ SIÈCLE (a)

Cependant un souffle nouveau agitait le monde moral et religieux. Sous le nom de *Renaissance*, les lettres et les arts s'étaient soumis à l'esprit payen de l'ancienne Grèce; la découverte de l'Amérique avait enflammé toutes les imaginations; au sein de l'Eglise, le cri de réforme, qui fut d'abord un cri de foi et d'amour, était devenu un cri de révolte. Il ne nous appartient pas de décrire ce mouvement extraordinaire; disons-en seulement ce qui peut concerner le culte de saint Léon.

(a) Suite des évêques : BERTRAND de Lahet 1504-1519; HECTOR d'Ailly (1520-1526); JEAN du Bellay, cardinal (1526 1532); ÉTIENNE Poncher (1532-1551); JEAN Desmoutiers, ou Dufresne (1551-1565)

Quand donc Luther et Calvin eurent levé le drapeau de l'hérésie ; quand Marguerite de Valois, reine de Navarre et de Béarn, se fut décidée à favoriser l'établissement du protestantisme dans ses états ; quand on vit les partis prendre les armes de tous côtés et la guerre civile s'allumer en France, sous prétexte de religion ; quand la guerre étrangère vint menacer nos contrées d'une invasion des troupes du roi d'Espagne, alors maître de la Haute-Navarre, notre ville de Bayonne se sentit à la veille d'être le théâtre d'un conflit acharné entre les divers partis. On eut des craintes pour les reliques de saint Léon et pour son église qui, située hors des murs, se trouvait exposée à tous les périls, en cas de siége. L'évêque Jean Desmoutiers et le chapitre n'hésitèrent pas à prendre une mesure de précaution qui dut certainement produire dans le peuple une émotion pénible, mais qui paraissait dictée par la dévotion elle-même : ce fut de transférer les reliques à la cathédrale.

Ceci se passait en l'année 1553. Nous ne connaissons pas les détails de la translation des reliques; mais le chanoine Veillet a décrit avec soin la nouvelle place que le chapitre leur donna dans l'église-mère. Au fond du sanctuaire et contre la dernière arcade, se dressait un autel dont voici l'idée. « On « y montait par six degrés de pierre et un « marchepied de bois... Il était orné d'un « fort vaste et assez beau rétable composé « de six tableaux, l'un sur l'autre, trois de « chaque côté, séparés par des listeaux de « menuiserie cannelée et dorée. Entre ces « six tableaux, au milieu, était, tout en « haut, un crucifix de bois entre les figu- « res de la Vierge et de saint Jean. Un peu « plus bas, il y avait une statue dorée de la « Vierge... et encore un peu plus bas... une « *statue dorée de* SAINT LÉON... Sous les « pieds de cette statue, il y avait une niche « qui contenait *la châsse de ce saint...* et « tout au bas, sur l'autel, était un taberna- « cle qui répondait à tout le reste (1). »

On le voit : la cathédrale donna une

____

(1) *Manuscrit* de Veillet, *4ᵉ part. chap. 14, art. 3 et art. 4,* où il est dit que cet autel fut commencé vers l'an 1542 et à peine achevé en 1556.

place d'honneur au saint Patron et sembla vouloir dédommager avantageusement les pèlerins de l'église *extra muros*.

XIII

Translation de l'église Saint-Léon à Anglet. Séparation des quatre vallées espagnoles. Le docteur René Benoit, de Paris.

XVIᵉ SIÈCLE (a).

Au reste, cette église elle-même dut disparaitre et se transporter ailleurs. Elle gênait les plans stratégiques de la défense : on la démolit et, de ses matériaux recueillis avec soin, on en construisit une nouvelle, plus au centre de la paroisse de Saint-Léon. C'est l'église actuelle d'Anglet, qui ne fut achevée, d'après Veillet, qu'en 1583. Le roi de France, Henri II, aurait fourni, suivant le même auteur, une certaine somme d'argent.

Neuf ans après la démolition de l'ancienne

(a) Suite des évêques : JEAN de Sossionde, d'Ascain, (1566-1578); JACQUES MAURI (1579-1593); vacance du siége pendant six ans.

église, on construisit sur le même emplacement, c'est-à-dire au lieu où se dresse aujourd'hui la croix de Saint-Léon, une petite
chapelle pour le service de l'hôpital et des
confrères ; mais ce n'était plus guère qu'un
souvenir que Vauban fera disparaître, un
siècle plus tard, comme nuisible à la sûreté
des nouvelles fortifications.

Une autre conséquence des guerres religieuses, ce fut le démembrement du diocèse,
sur les bords de la Bidassoa. A la demande
du roi d'Espagne, le Souverain-Pontife, voulant protéger contre le protestantisme les
quatre vallées espagnoles qui étaient de temps
immémorial sous la juridiction de l'évêque
de Bayonne, les soumit, en 1566, *pour
tout le temps que dureraient les erreurs qui
troublaient la France*, à l'évêque de Pampelune, agissant comme *ordinaire* et à l'évêque
de Calahorra, faisant fonctions de métropolitain. Cette mesure, qui, comme on voit, ne
devait être que provisoire, est devenue définitive. Mais il est bon de rappeler ici que
saint Léon resta le patron spécial de l'*archi-
prêtré* de Fontarabie, composé de six parois-

ses : Fontarabie, Irun, Passage, Lesso, Oyar-
sun et Rentéria.

Notons encore, pour en finir avec ce siècle orageux, que le culte de saint Léon in-
téressa l'un des hommes les plus doctes de
l'Université de Paris : René Benoit voulut
avoir, pour la publier, la *Vie* du Saint et en
obtint, dit-il, une copie « de la bienveillance »
(humanitate) de l'évêque et du chapitre de
Bayonne. L'évêque était Jean de Sossionde,
un enfant du pays, né au village d'Ascain. Il
fit transcrire, dans les archives de la cathédrale, l'exemplaire envoyé à Benoit, qui
marque pour date de cette transcription le
mois de juillet 1570. Date remarquable, en
ce qu'elle coïncide avec les décrets d'aboli-
tion du culte catholique, rendus en Béarn et
Basse-Navarre, par ordre de la reine Jeanne.

René Benoit mérite d'être cité comme
l'un des témoins les plus recommandables
du culte de saint Léon : il fut, d'après Feller,
nommé, sans toutefois y parvenir, à l'évêché
de Troyes ; doyen de la faculté de théologie
de Paris, curé de Saint-Eustache, confesseur de Marie Stuart, il finit par devenir

celui d'Henri-le-Grand, à la conversion duquel il avait puissamment contribué. Nous ignorons par quelles circonstances un si savant homme fut amené à se faire le premier *éditeur* de la *Vie de saint Léon* ; mais nous savons, par les Bollandistes, que son exemplaire était conforme à celui que les *Acta Sanctorum* ont reproduit plus tard.

XIV

Fontaine de Saint-Léon. Le culte du Bienheureux introduit en Normandie.

XVIIᵉ SIÈCLE (*a*)

Le protestantisme n'avait eu que des succès insignifiants à Bayonne et dans tout le pays de Labourd ; mais il s'était implanté, dans la Basse-Navarre, par la violence et la force des armes, sans entrainer toutefois le cœur des populations, dans ce pays évangé-

(*a*) Suite des évêques : BERTRAND d'Echaux (1598-1621); CLAUDE de Rueil (1622-1629); HENRI de Béthune (élu en 1629); RAYMOND de Montagne (1630-1637); FRANÇOIS Fouquet (1638-1642).

lisé, au vii⁰ siècle, par saint Amand, l'apôtre des Basques. Ce fut ce même pays qui,
après la défaite politique du calvinisme et la
conversion d'Henri IV, fournit au siége épiscopal de Bayonne l'un des plus illustres successeurs de saint Léon, Bertrand d'Echaux,
issu de la famille vicomtale de Baïgorry.

Nous croyons pouvoir rapporter à l'époque de ce prélat la construction de la *fontaine de Saint-Léon*, monument assez informe, mais qui, avec son dôme à pans coupés,
son campanille et un piédestal en corniche,
rappelle tous les principaux caractères de
l'architecture du temps. Ce serait, dans ce
cas, une preuve nouvelle que le culte du
saint Patron s'était conservé et avait grandi,
en dépit des dissensions religieuses.

Voici le moment où ce culte allait recevoir un développement inattendu, par son
introduction dans la province ecclésiastique
de Rouen, à l'occasion que nous allons dire.

Les navires bayonnais abordaient très
fréquemment sur les côtes de la Normandie.
Or il arriva, vers l'an 1630, qu'un chanoine
de Rouen, causant avec quelques-uns de nos

pieux marins, apprit d'eux que la ville de Bayonne reconnaissait pour son évêque et son patron spécial un saint Léon, qu'on disait être né en Normandie, et avoir été même archevêque de Rouen. Ce chanoine se nommait Prévot : il était de plus secrétaire-général de Mgr François de Harlai, métropolitain de la province. Enthousiasmé par les récits de nos Basques, et croyant avoir fait une découverte glorieuse à son pays, il résolut aussitôt d'en faire partager à tous la joie et les bienfaits. Il demanda instamment au clergé de Bayonne tous les documents relatifs à saint Léon. En l'absence de l'évêque, Raymond de Montaigne, son vicaire-général, Dorsarard, lui envoya, entre autres pièces, le 15 novembre 1633, une copie de la grande Légende, « extraite du *Manuscrit original* » conservé, dit le procès-verbal, « au chœur de l'église cathédrale. »

Une fois nanti de nos divers mémoires, Prévot, de plus en plus heureux de sa découverte, se mit, dit Veillet, « à sonner comme la trompette » dans toute la Normandie, pour exciter les évêques suffragants, tout le clergé et tout le peuple à joindre leur voix à la sienne auprès du métropolitain, auquel il adressa une éloquente et chaleureuse requête, afin d'obtenir qu'il fût célébré une fête annuelle en l'honneur de saint Léon.

« Les actes de ce glorieux martyr, tirés « des livres de l'église de Bayonne, sont au- « jourd'hui, disait-il, sous les yeux et dans les « mains de tout le monde. Les Basques et « les Cantabres qui descendent la mer sur « leurs navires ont, par un heureux com- « merce, transporté sur nos rivages le nom « de leur patron ; et pendant qu'ils en exal- « tent la mémoire, ils nous reprochent se- « crètement notre oubli..... Léon est né « dans nos contrées, et, chose étrange !... « il est inconnu à ses compatriotes, tandis « qu'il est honoré par des étrangers... J'é- « lève ma voix du sein de la foule.... et « avec moi, illustre Prélat, la Normandie « entière vous crie : Rendez - nous saint « Léon ! *Redde nobis Leonem* (1).

_____

(1) La requête est tout entière en latin. (Voir les *Acta Sanctorum*, 1er mars. — Veillet, *manuscrit*.)

Le pieux enthousiasme de Prévot s'était communiqué à tous les fidèles. Plusieurs savants unirent leurs prières à la sienne, et, en définitive, le conseil épiscopal décida que saint Léon pouvait être placé dans les dyptiques de l'église de Rouen, et qu'on en ferait l'office sous le rit semi-double.

Environ trente ans après, en 1667, les Bollandistes racontaient toutes ces choses, avec plus de détails que nous, et leur savante critique n'y opposait pas le moindre doute. Mais, il faut le dire, à côté d'eux s'agitait une autre école qui, sous l'inspiration du docteur Launoy, ce fameux *dénicheur des saints,* faisant une véritable guerre aux anciennes légendes liturgiques, exerça une trop grande influence sur la rédaction des nouveaux bréviaires. Celui de Rouen s'en ressentit, sous l'épiscopat de Colbert, au commencement du xviiie siècle. On y supprima la fête et l'office de saint Léon. Il est bon d'ajouter pourtant que cette suppression n'affectait pas l'apostolat et la sainteté de notre bien-aimé Patron, mais seulement sa qualité d'archevêque de la cité métropolitaine de Normandie. On vit des diocèses de la province conserver son culte. Coutances en célèbre toujours la fête, et nous avons dit plus haut qu'il est le patron secondaire de Carentan, son pays natal. De nos jours, le diocèse même de Rouen semble revenir à lui, avec un élan nouveau, et Bayonne souhaite cordialement qu'on y reprenne les traditions de François de Harlay (1).

X V

Biographes, Châsse et Confrérie de Saint-Léon.

XVIIe SIÈCLE *a*).

Au reste, l'archiépiscopat de saint Léon n'est pas d'une importance très grande pour l'authenticité de son culte parmi nous.

(1) L'*Almanach liturgique* du diocèse de Rouen, pour l'année 1872, porte le nom de saint Léon dans le catalogue des anciens archevêques, sous la date de 888.

(a) Suite des évêques : JEAN d'Olce (1643-1681); GASPARD de Priélé (1681-1688); LEON de Lalanne, transféré de Dax (1688-1700).

Notre dévotion à son égard se trouve justifiée par les débats eux-mêmes dont elle fut l'objet à Rouen et à Paris dans le cours du XVIIe siècle ; loin de décroître dans le pays, elle s'étendit au dehors. On vit plusieurs hagiographes de l'époque consacrer à notre Saint des notices tout imprégnées d'amour pour lui et remarquables par l'érudition comme par le style. Outre les Bollandistes, nous citerons Baillet, Du Saussay, Farin, prêtre de Rouen, sans parler de Guillaume Gazet, curé de Sainte-Madeleine-d'Arras, qui avait, dès l'an 1612, inséré la Légende de saint Léon dans un recueil, en deux volumes, de *Vies des Saints* (1).

(1) Voir *Acta Sanct.*, t. 7, pag. 90, col. 2. — Dans l'une des paroisses du Mans, il existe une dévotion autorisée envers un saint Léon, appelé aussi Léon-le-Fort, *Leo fortis*, lequel jouit d'un autel spécial (toutefois sans image et sans statue), où il est invoqué par les mères chrétiennes, pour elles-mêmes et pour leurs enfants. On y lit des évangiles et on y fait certaines prières à leur intention. Ce saint Léon est-il le même que celui de Bayonne ? Telle est la question qu'on a bien voulu nous adresser du Mans. Nous avouons n'être pas en mesure

A Bayonne, il y eut alors une grande manifestation des sentiments universels. Un chanoine, M. Laclau, ayant légué la somme de 1,000 fr. pour l'acquisition d'une châsse destinée à renfermer les reliques de saint Léon, une sorte d'émulation pieuse s'empara de tous les cœurs. Les chanoines, les magistrats et d'autres habitants voulurent joindre leurs offrandes au legs de M. Laclau ; et, à l'aide de ces libéralités, on put disposer, en 1630, d'une somme totale de 3,600 fr. pour acquérir une riche et belle châsse d'argent (1).

Cette châsse ne renfermait que le corps du Saint, dont le *chef* avait un reliquaire spécial en forme de buste, portant la tête dans ses mains. Le buste figurait seul dans les processions annuelles ; la châsse était *exposée*, à l'entrée du chœur, dans les cir-

d'y répondre d'une manière péremptoire: mais nous espérons que nos correspondants sauront l'élucider à l'aide des divers documents relatés dans cet ouvrage.

(1) Baïlacq, *Chron. de Bay.* — *Manuscr.* de Veillet.

constances les plus graves et les plus calamiteuses, tandis que d'ordinaire elle reposait, couverte d'un voile, au haut de la dernière baie du sanctuaire.

A ce concert d'hommages rendus à la mémoire de saint Léon il ne manquait plus que la voix solennelle du Siége apostolique ; elle se fit entendre, sous l'épiscopat de Jean d'Olce, l'un de nos grands évêques.

On n'a pas oublié qu'après la démolition de l'église paroissiale de Saint-Léon, hors les murs, on construisit un petit oratoire sur le même emplacement, qui était celui des derniers pas de notre Bienheureux dans la voie du martyre. Cet oratoire servait de centre à une confrérie nombreuse, dont nous avons déjà parlé, et, bien que dépouillé des saintes reliques, il ne laissait pas d'attirer encore la foule des pèlerins. Jean d'Olce demanda les bénédictions du Souverain Pontife en faveur de ce sanctuaire. Sa requête fut exaucée : le 10 janvier 1675, Clément X *donna* et signa, dans toutes les formes, une Bulle par laquelle sont accordées des indulgences plénières ou partielles aux *confrères* et *confréresses* de Saint-Léon, toutes les fois qu'ils visiteront leur oratoire ou qu'ils feront certaines œuvres de piété, dans des circonstances spécialement déterminées.

C'est tout ce qu'il importe ici d'extraire de ce document pontifical, qu'on trouvera en entier aux *Pièces justificatives*. L'essentiel est, pour le moment, de pouvoir en déduire une approbation implicite du culte de saint Léon. Ce n'est pas une bulle de de canonisation, il est vrai; mais c'en est presque l'équivalent, puisque celui qui en est l'objet y est qualifié de *saint*, dans les termes les plus formels.

A ce propos, nous rappellerons, avec bonheur, une décision très importante rendue, cinquante ans auparavant, par le pape Urbain VIII. Le 13 mars 1625, la Congrégation de la *Sainte Inquisition* soumit à l'approbation du pape un décret où, après avoir défendu de rendre aux personnes mortes avec le renom de sainteté ou de martyre un culte public, sous quelque forme que ce soit, avant que le Saint-Siége les ait canonisées ou béatifiées, on déclare néanmoins que par là « Sa Sainteté n'entend ni « ne veut porter aucun préjudice à ceux « qui, par le commun consentement de l'E- « glise, ou un laps de temps immémorial, « ou par les écrits des Pères et des Saints, « sont honorés *(coluntur)* depuis *un très* « *long temps*, au su et avec la tolérance du « Siége apostolique ou de l'Ordinaire. »

Dans le Bref confirmant le Décret, Urbain VIII ajouta ces paroles remarquables : « Nous avons déclaré que le temps *immé-* « *morial* et *très long*, dont il s'agit dans le « susdit Décret, est un temps qui dépasse « la limite de cent années : *Tempus centum* « *annorum metam excedens* » (1).

Combien cette décision est propre à consoler le lecteur de la perte ou de l'absence des pièces officielles relatives à la canonisation de saint Léon ! On a vu plus haut les incertitudes de l'histoire à cet égard ; mais comme, à la fin de ce travail, nous pouvons constater, d'une part, la dévotion constante

____

(1) Vide Bened. XIV, *De canonis. sanctor.*

de l'*Ordinaire* du lieu envers saint Léon, de l'autre la tolérance du *Siége apostolique,* non-seulement durant un siècle, mais durant plus de six cents ans d'histoire positive, on ne peut avoir, sous aucun rapport, le moindre doute sur la légitimité du culte de saint Léon. Il se trouve amplement justifié, quoique en termes généraux, par le Bref d'Urbain VIII, et directement autorisé par la Bulle spéciale de Clément X.

XVI

Quelques faits liturgiques et autres, relatifs au culte de saint Léon.

XVIIIe SIÈCLE (a)

Le XVIIIe siècle, où nous sommes enfin parvenus, devait se signaler par une im-

(a) Suite des évêques : *René-François* de BEAUVAU (1700-1707); *Jacques* DRUILLET (1708-1727); Pierre-Guilhaume de la VIEUXVILLE (1728-1734); *Jacques-Bonne* de BELLEFONT (1735-1741); *Christophe* de BEAUMONT (1741-1745); *Guillaume* d'ARCHE (1745-1774): *Jules-Basile* Ferron de LA FERRONAIS (1774-1784); *Etienne-Joseph* Pavée de VILLEVIELLE (1784-1793).

mense révolte de la raison contre la foi, et se terminer par la plus horrible catastrophe. Le Jansénisme avait déjà ébranlé l'autorité de l'Eglise ; une prétendue philosophie allait attaquer la Révélation elle-même. Bayonne ne pouvait pas échapper entièrement aux innombrables périls de l'époque. On y vit quelques défaillances plus ou moins éclatantes ; mais il est certain que la grande masse du peuple de saint Léon resta constamment fidèle à la doctrine et au culte de son Apôtre bien-aimé.

La dévotion bayonnaise parut même s'accroître et s'étendre alors, en proportion des lumières que les discussions antérieures avaient répandues sur l'histoire du Bienheureux. A la cathédrale, où reposaient ses reliques, les confrères et les pèlerins se multiplièrent plus que jamais ; les magistrats se montraient de plus en plus exacts à la grande procession de la Pentecôte, que nous avons décrite précédemment, et les populations du Labourd accouraient chaque année, avec leur pieux enthousiasme, à la procession générale qui se faisait le 1er mars, en dehors

des murs, au lieu sanctifié par les prédications et le martyre de saint Léon.

En 1732, la publication d'un nouveau
catéchisme du diocèse vint donner un sur-
croît d'élan à la dévotion populaire. Ce catéchisme contenait, dans une quatrième partie, de très amples explications pour les
principales fêtes de l'année, et, parmi ces
fêtes, l'évêque du moment, M\ Pierre-
Guillaume de LAVIEUXVILLE, avait eu soin de
placer celle de saint Léon. Le chapitre qui
lui est consacré n'occupe pas moins de huit
pages, où l'auteur expose successivement
l'origine et l'apostolat du Saint, son martyre
et son culte « gravé dans tous les cœurs »
les pratiques en usage et le fondement de sa
dévotion. On trouvera ce chapitre tout entier
à l'*Appendice.* Ici nous n'en dirons qu'une
chose : c'est qu'il résume fidèlement toutes
les traditions locales sur la vie et le culte de
saint Léon.

M. de la Vieuxville, qui était un prélat
plein de vertus, de science et de zèle catholiques, mourut à Paris le 4 juin 1734, léguant
à l'hôpital Saint-Léon un capital de soixante

mille livres, avec quelques autres revenus. Quant au culte même de notre Saint, il était déjà confié, avec le nouveau catéchisme, aux soins d'une communauté de fervents missionnaires, réunis par un digne ami de l'évêque défunt, M. l'abbé Daguerre, fondateur du séminaire de Larressore. Ces hommes de Dieu, qui parcouraient en tous sens le pays de Labourd et la Basse-Navarre, ne pouvaient pas manquer d'y raviver, à l'exemple du premier pasteur, la mémoire de celui qui avait détruit, au prix de son sang, le règne de l'idolâtrie et de l'ignorance dans nos contrées.

Vers le même temps, une illustre reine d'Espagne exilée à Bayonne, Anne de Neubourg, voulut satisfaire sa dévotion personnelle en dotant l'établissement thermal de Cambo d'une assez belle statue de saint Léon, que l'on voit encore dans la *chapelle des bains*, où elle occupe une niche creusée au-dessus du maître-autel.

La dévotion des Bayonnais avait passé les mers. Leur patron fut honoré dans les îles de l'Amérique, où un commerçant,

nommé Pédebaigt, envoyait des cargaisons
considérables de cette eau de la *fontaine
de Saint-Léon* qui coule toujours aux portes
de la ville et à laquelle on n'avait pas cessé
d'attribuer une vertu miraculeuse pour les
maux des yeux et en faveur des mères chrétiennes.

Il était naturel que la ville de Carentan,
patrie de saint Léon, eût le désir de posséder une *relique* de celui dont elle aimait
à montrer encore la maison natale. L'évêque
de Coutances adressa, dans ce but, une
requête à l'autorité diocésaine de Bayonne
qui n'hésita pas à promettre, pour l'église
de Carentan, un fragment des *os* du Bienheureux. Mais le corps de ville y fit oppo-
sition, sous le prétexte qu'en cas de quelques
malheurs publics, les *gens du peuple* ne
manqueraient point de les attribuer à cette
espèce de diminution d'un trésor, dont la
cité devait être absolument jalouse. Il y eut
un commencement de procès entre *Messieurs* de la Ville et *Messieurs* du Chapitre.
Les archives locales se taisent sur les dernières suites de ce curieux et touchant dé-

bat. Mais nous croyons que l'autorité religieuse l'emporta finalement, en 1773, et qu'il fut donné pleine satisfaction au peuple de Carentan.

Cependant, le mouvement liturgique qui avait fait naître en France une multitude de nouveaux bréviaires, gagna la province ecclésiastique d'Auch, sous le pontificat de Mgr de Montillet, devenu archevêque d'Auch, en 1742, après avoir été, cinq ou six ans, évêque d'Oloron. Ce fut alors que, sous l'impulsion du métropolitain, la plupart de nos évêques provinciaux (tous, croyons-nous, à l'exception de ceux d'Oloron et de Lescar) changèrent les missels et les bréviaires de leurs diocèses. A Bayonne, Mgr d'Arche adopta l'innovation. Nous n'avons pas à l'apprécier ici ; nous n'en parlons que pour constater, non-seulement le maintien de l'office de saint Léon dans la liturgie diocésaine et son admission par les autres évêques de la province, mais encore l'amélioration remarquable de cet office, au point de vue littéraire : il est certain que, sous ce rapport, les leçons et les hymnes de saint Léon avaient acquis une élégance qui ne laisse rien à désirer (1).

Mais l'élégance littéraire ne devait pas garantir l'Église contre les ravages exercés dans les âmes, par la littérature politique et philosophique du jour. Notre pays courait aux désastres : nous allons assister à la profanation la plus douloureuse pour les cœurs bayonnais, celle des reliques même de leur saint Patron.

(1) Puisque nous avons occasion de parler du *point de vue littéraire*, sous lequel se présente en ce moment le culte de saint Léon, il n'est pas sans intérêt de savoir que déjà les *belles-lettres* avaient payé leur tribut à ce culte national. Non-seulement, le trop célèbre abbé de Saint-Cyran, le Bayonnais Duvergier de Hauranne, avait rédigé, en style classique, une nouvelle légende de saint Léon ; mais on vit un médecin, M. de *Feugas*, qui se croyant guéri par l'intercession du Bienheureux, composa et publia, en 1649, aux frais de la ville, deux *poèmes*, l'un en français, l'autre en latin, sous le nom de *Léonides*. Ces poèmes ne se trouvent plus nulle part : mais l'auteur du présent livre se rappelle les avoir lus autrefois, dans la bibliothèque du grand-séminaire de Bayonne et son impression est encore qu'il y avait là des vers heureusement tournés.

XVII

Quel fut le sort des reliques de saint Léon à l'époque de la Révolution française (a).

Nous n'entreprendrons pas de raconter les bouleversements sociaux que produisit la Révolution française, non plus que les cruelles épreuves auxquelles l'Eglise catholique fut soumise, à cette époque, dans le diocèse de Bayonne. Mais, il ne nous est pas permis de garder un silence absolu sur le sort des reliques de saint Léon, en ces jours de lamentable mémoire.

On a vu plus haut que le *chef* (ou la tête) du Bienheureux était conservé dans un buste d'argent que l'on portait, tous les ans, à la procession solennelle du 1er mars, et que les autres reliques reposaient dans une belle châsse, aussi d'argent, que l'on tenait

(a) Evèques de Bayonne, depuis la Révolution : JACQUES-JEAN Loyson, 1803-1820 ; PAUL-THÉRÈZE-DAVID d'Astros, 1820-1830 ; ETIENNE-MARIE-BRUNO d'Arbou, 1831-1837 ; FRANÇOIS Lacroix, 1838, heureusement régnant.

avec respect, derrière le maître-autel, au
haut de l'arcade centrale du chœur. Assez
longtemps, la piété des fidèles protégea
contre l'esprit révolutionnaire ces chers
monuments du culte national. Mais quand
les ordres venus de Paris enjoignirent au
fisc de mettre la main sur les cloches, les
vases sacrés et les autres objets précieux
pour les convertir en monnaie courante, la
châsse de saint Léon fut naturellement sai-
sie, avant toute autre chose, et transportée
chez les monnayeurs de la république. Heureuse encore la cité de Bayonne si on n'avait
dépouillé sa cathédrale que de ses meubles
d'or ou d'argent ! Mais l'impiété triomphait
alors et elle poursuivit, avec une rage in-
croyable, les restes vénérés du saint Patron.

Ce fut pour notre ville un jour de deuil et
d'angoisses, comme elle en avait rarement
subis aux temps les plus malheureux de son
histoire. Il y eut un tribunal quelconque
qui condamna les reliques de saint Léon à
être brûlées, par les mains du bourreau,
sur la place publique où avaient lieu les
exécutions des malfaiteurs : c'est la place

Gramont ou de la Liberté. Nous ignorons la date exacte de cette sinistre sentence ; mais nous savons, par des témoins oculaires, que la plupart des Bayonnais refusèrent d'y assister et qu'il n'y eut, pour ainsi dire, en outre des fonctionnaires et des agents indispensables, que quelques campagnards exaltés qui voulurent être les témoins d'un si odieux attentat. Ceux-ci se prêtèrent même à danser la *Carmagnole* autour du bûcher. On rapporte que l'un d'entre eux y fut pris d'un coup de mal qui le laissa estropié et à demi-perclus durant de longues années qu'il continua de vivre. Les autres n'en furent que plus acharnés contre les saintes reliques, dont ils jetèrent les cendres dans l'Adour.

Ne cherchons pas d'autres détails ; ils seraient trop douloureux. Mais, hâtons-nous de dire comment fut conservée la relique du saint Martyr, que l'église de Bayonne a le bonheur de posséder encore : c'est un bras ou plutôt un *avant-bras*, dont l'histoire est pleine d'intérêt.

Dès les temps anciens, on vénérait, dans

l'église du célèbre monastère de Saint-Bernard, une insigne relique, avec cette *étiquette* écrite sur parchemin, *en lettres gothiques* : Brachium S. Leonis , Episcopi Baïonensis (1), et renfermée dans un coffret argenté, sous forme de basilique. On pourrait croire, avec quelque fondement, qu'elle y avait été transférée du vivant même ou peu après la mort du frère de saint Léon , le vénérable Philippe, dont les restes reposèrent aussi dans cet asile, sous la garde des Bénédictins, ses premiers habitants. Mais plus tard, vers l'an 1245, d'après le chanoine Veillet, le monastère de Saint-Bernard fut occupé par des religieuses de l'ordre de Citeaux, et il est possible que ce fut à elles qu'on fit présent de cette sainte relique, *étiquetée* par le fait en caractères du xiiie siècle. Quoi qu'il en soit, les abbesses de Saint-Bernard s'étaient transmis d'âge en âge ce précieux dépôt, que l'on gardait religieusement à une certaine hauteur, au dessus du maître-autel. C'est là qu'il se trouvait au moment de la Révolution.

(1) *Bras de saint Léon,* évêque de Bayonne.

Or, un jour, soit avant, soit après la destruction par le feu des grandes reliques, sur la place de la Liberté, une douzaine d'hommes entrèrent tumultueusement dans l'église de Saint-Bernard qu'ils pillèrent et dévastèrent, sous les yeux de l'abbesse et d'une autre religieuse, nommée Jeanne Gaspard, qui, alors en prière dans le haut-chœur, purent tout voir sans être aperçues elles-mêmes. Elles virent huit de ces forcenés monter sur l'autel, avec l'intention manifeste d'enlever le reliquaire de saint Léon, mais reculer tout-à-coup sans oser y toucher. Quand la troupe révolutionnaire fut sortie, Jeanne Gaspard s'empressa, par ordre de la mère abbesse, d'aller fermer les portes de l'église ; puis, montant à la hauteur du tabernacle, elle s'empara, non sans trembler, du saint reliquaire et le transporta dans l'intérieur du couvent.

Ici commencent, pour la relique de saint Léon, des migrations successives, exactement détaillées dans un procès-verbal officiel et en toutes formes. Jeanne Gaspard et sa sœur Marie, autre religieuse professe de

Saint-Bernard, en confièrent d'abord le dépôt, « avec d'autres effets d'église », à M. *Joachim-Salvador* Dubrocq et à Mᵐᵉ *Laurence* Dubrocq, née Faurie, qui se trouvaient alors dans leur maison des champs et qui veillèrent avec bonheur sur ce trésor, dont toutefois les religieuses gardaient la clé. Dans la suite, quand les temps devinrent meilleurs, nos pieuses Cisterciennes firent transporter le reliquaire chez M. *Robert* Hocquet d'Alincourt, alors vicaire général administrateur du diocèse; celui-ci, ayant canoniquement « reconnu l'*os du bras* » de saint Léon, le rendit encore à Jeanne et Marie Gaspard, qui le renfermèrent dans une bourse de satin cramoisi. Quelque temps après, elles portèrent le tout à la maison épiscopale, et le *remirent* « en mains » du nouvel évêque de Bayonne, Mᵍʳ Loyson, « en présence du « sieur François Honnert, secrétaire de « l'évêché. »

C'est à l'évêché même (1) que la relique

____

(1) L'évêque de Bayonne occupait alors la maison, nᵒ 15, qui fait l'angle entre la rue des *Prébendés* et la rue *Douer*.

de saint Léon fut officiellement reconnue « comme vraie et authentique » par M. *Jean-Jacques* LAMARQUE, vicaire-général du diocèse, à la suite d'une enquête, commencée le 7 février 1805 et terminée le 23 du même mois. Le lendemain, 24 février, une ordonnance, signée par le même vicaire-général, régla qu'on placerait la relique, si heureusement sauvée, « au haut du chœur et au lieu « ordinaire où était cy-devant, dit l'ordonnance, « la grande relique du même saint « Léon. »

Voilà tout ce qui nous reste du corps saint de l'Apôtre de Bayonne. N'est-il pas remarquable et bien consolant que la Providence ait voulu nous conserver précisément le membre qui s'étendit autrefois sur tout le pays, pour le bénir au nom du Père, du Fils et du Saint-Esprit ? Ah ! que l'on garde avec soin cette précieuse relique et qu'elle soit toujours, pour le diocèse, un gage et comme un instrument de toutes les faveurs du Ciel !

FIN.

APPENDICE

§ I

PIÈCES JUSTIFICATIVES

I

Leçons de l'ancien Bréviaire ou Petite Légende

Lect. 1. Gloriosi Martyris Leonis, fratres carissimi, natalem celebrantes, cum totius vitæ et conversationis ejus insignia difficile esset verbis exprimere, passionis saltem suæ modum et causam succinctis sermonibus audiamus. Fuit igitur vir beatus sacrarum paginarum titulis decoratus, divinâ revelatione, sacrique Romanæ Curiæ concilii approbatione, ad archiepiscopatus Rothomagensis civitatis celsitudinem sublimatus : qui post paucos dies propriâ sede derelictâ de mandato sacri Apostolici collegii versus Hispaniam ad prædicandum populo gentilium christianæ fidei documentum profectus est.

2. Primum accedens in loco qui dicitur Faverio, verbum Domini seminans, totum populum ad Christi cultum revocavit. Deindè ad villam quæ dicitur Baiona rediens (1), quæ tunc ab infidelibus

____

(1) Lege potiùs : *abiens*, vel *adiens*.

piratis possidebatur, falsis idolis serviendo; vesperè facto cum ad dictam villam applicuisset, foribus jam clausis ingredi non valuit, sed extra totam noctem exspectavit.

3. Mane autem facto, quidam de villâ egredientes cognoverunt dictum Beatum, cum fratribus suis Philippo et Gervasio, a suâ sectâ alienos, et mirati sunt, quia malorum incursus et ferarum et serpentum pericula ipsa nocte evaserunt : et referentes, quòd homines extra civitatem invenerant; probi homines dictæ villæ honesto habitu ex parte comitatus civitatis ante dictum sanctum exiverunt. Qui statim cum audissent verbum evangelicæ prædicationis, credere cœperunt : et ipse cum eis dictam villam ingrediens, locum congruum in medio villæ, ad declarandam salutem populi parari jussit in nomine Dei Jesu-Christi.

4. Prædicavit itaque vir sanctus tribus diebus : et divinâ favente gratiâ, populum ad fidem Christi convertit; qui unâ voce clamaverunt : Non aliam legem volumus, nisi istam, quam exhibet Leo sanctus; et statim idola subvertentes, exstruxerunt ecclesiam ad nutum viri sancti, in honore beatæ Virginis Mariæ et sacra unda baptismatis baptizantur per doctrinam dicti sancti.

5. Quo facto ad loca deserta nemorosa, ulterius gradiens, oves perditas, scilicet infideles, longo tempore quæsivit : jamque bonus negotiator thesaurum infinitum lucratus est. Iterum ad villam Baionæ divinâ dispositione reversus est, hæsitans ne quid devium vel lubricum in populo inveniret.

6. Erant autem propè villam piratæ, in cavernis habitantes : qui quâdam die cum more solito villam ingredi properarent, a civibus catholicis turpiter ejiciuntur : qui de conversione civium admirantes, nimium indignati et furore succensi, quæsiverunt dictum virum sanctum.

7. Fugientes autem piratæ de civitate, viderunt B. Leonem cum duobus suis germanis de suâ prædicatione revertentem : et irruentes in eos post diversa vulnera caput beati viri funesto gladio amputarunt. Sed quantò fortius impulsus est ut caderet, tantò firmiùs stare perhibetur, et caput suum propriis manibus erigens, usque ad locum, ubi primo prædicaverat, antè portam civitatis viriliter asportavit; et illud quasi victimam holocausti more justi Abel Deo devotè obtulit, dicens : Hic est locus veræ prædicationis; hunc elegi, in quo favente Deo requiescam.

8. Quo etiam fratres B. Leonis, qui cum eo venerant, viso miraculo præ horrore perterriti, fugientes recesserunt. Quæ omnia aspiciens agricultor quidam operans in vineis, cum clamore valido retulit populo civitatis : Populus vero contra præfatos homicidas exiverunt, et invenerunt fontem pulcherrimum in loco, ubi caput sanctissimum cecidit, noviter divinitùs emanatum, de quo adhuc hodiè totius civitatis populus adaquatur.

9. Invenientes itaque acephalum corpus beati martyris, et caput supra petram positum, multa fuerunt perturbatione commoti, gravis doloris aculeo cordibus sauciati; viso quod amabilis Pas-

tor, præcipuus defensor eorum, pro ipsorum salvatione mortem non metuerat incurrere tam crudelem, in honore Dei et ipsius corporis Sancti plebs catholica civitatis ecclesiam ibi exstruxerunt : et corpus sanctum conditum honorificè sepelierunt : per cujus merita, plurima fiunt miracula : mulieres in puerperio invocantes dictum Sanctum, periculo liberantur : nautæ in periculis marinis et inimicorum potestatibus illæsi servantur : animalia quoque in ipsius custodiâ commendata, a luporum morsibus, infirmitatibus variis eripiuntur : et alia innumera, præstante Jesu-Christo (1).

I I

Leçons du Bréviaire Bayonnais,
publié par Mgr. d'Arche.

LECTIO IV

Leo vir potens opere et sermone, a Romano Pontifice episcopus consecratus, ad Lapurdenses Navarræosque populos nono sœculo missus est, qui fidem apud illos extinctam incursione a barbaris gentibus variis successive temporibus restauraret. In laboris apostolici partem fratres suos Philippum et Gervasium secum assumpsit, quibus cum unâ longinquo dedit sese itineri. In plagas

(1) Nous omettons de transcrire ici la Grande Légende, à cause de son excessive longueur. (Voir les *Acta Sanctorum* au 1er mars.)

sabulosas circa Burdigalam sitas venit, ibique aliquantum commoratus fidem prædicare atque in totâ passim regione feliciter verbi semina cœpit disseminare. Inde vero Lapurdeam seu Baionam se contulit, quò perhumaniter admissus, plusquam septingentos homines intra paucos dies Christo subjecit. In cujus rei memoriam quotannis ipsa Pentecostes die œdiles civitatis cum apparatu procedunt versus meridionalem portam quâ primum urbem ingressus est Leo, indeque accensos cereos in ecclesiam majorem asportant, quasi lumen Evangelii receptum hocce ritu significantes.

LECTIO V

Doctrinam fidei per urbem spargi ægre ferentes sacerdotes Ethnicorum, ipsum et socios simul comprehensos ad templum Martis vi trahunt ut coram sacerdote sacrificarent. Vetus est ecclesiæ baionensis traditio simulacrum, quod prius in templo colebatur, fusis ad Deum precibus, subito corruisse, non sine magno sacerdotum stupore, qui tanto prodigio victi statim pristinos errores ejurarunt. Quin etiam subinde tota ferme civitas solam quam prædicabat sanctus Præsul religionem professa est, quo eventu prospero accensus ædem sacram Deo vero jussit ædificari. Cum in tota ferme Lapurdensi regione fides jam invaluisset, in confinem Hispaniam profectus est, ut quam Baionæ firmatam reliquerat, ulterius fidem propagaret.

LECTIO VI

Fundata apud regionis hujus populos fide inde

Baionam revertens, in sceleratorum hominum manus incidit, qui ob destructum Martis cultum paratis insidiis adventantem operiebantur. Hi furore correpti in sanctum Præsulem inhumanissime desævierunt, ipsumque, cæso prius fratre Gervasio, innumeris affectum contumeliis capite truncaverunt. Martyrium consummavit calendas Martii sub finem sœculi noni, atque ipso in loco quem sanguine cruentarat, sepultus est extra portam civitatis meridionalem, quæ exinde ex ejus nomine designatur. Ibidem in ejus honorem extructum fuit sacellum, quod cum anno millesimo quingentesimo quinquagesimo septimo dirutum fuisset, reliquiæ Martyris in ecclesiam cathedralem translatæ sunt. Ibi asservantur in theca argentea, non sine summa fidelium veneratione et concursu, qui profectam ex sacris cineribus virtutem non semel experti varia inde curationum genera exportarunt.

III

Messe de saint Léon
d'après un manuscrit du Moyen-Age

IN DIE

SANCTI LEONIS MARTYRIS

Ad Missam.

Introït. Et erit tanquam lignum quod plantatum est secus decursus aquarum quod fructum suum dabit in tempore suo. *Ps.* Beatus vir qui non abiit in consilio impiorum et in viâ peccatorum non stetit et in cathedra pestilentie non sedit. Gloria Patri et Filio et Spiritui Sancto : Sicut erat... Semper.....

Lectio epistolæ beati Pauli apostoli ad Romanos.

Fratres : Sic autem prædicavi evangelium hoc : non ubi nominatus est Christus ne super alienum fundamentum ædificarem : sed sicut scriptum est quoniam quibus non est anuntiatum de eo, videbunt; et qui non audierunt intelligent. Propter quod et impediebar plurimum venire ad vos, et prohibitus sum usque adhuc. Nunc vero ulterius locum non habens in his regionibus, cupiditatem autem habens veniendi ad vos ex multis jam præcedentibus annis: Cum in Hispaniam proficisci cæpero, spero quod preteriens videam vos et a vobis deducar illuc si vobis primum ex parte fruitus fuero.

Tract. Hujus prece fugiunt — horridi serpentes, — pristinam recipiunt — sanitatem gentes.

Ad presulis solium — Leo sublimatus — pravorum consortium — non est inmitatus.

Desiderium animæ ejus tribuisti ei et voluntate labiorum ejus non fraudasti eum. *(Huic tractui desunt duo versus, qui cantantur in magno graduali cum eo, deinde sequitur prosa.)*

Offert. Populi gentilium — quare fremuerunt — qui in Dei filium — per hunc crediderunt.

Com. Dum cecidit gladio — caput benedictum, — fons manat e medio — terre cui dat ictum.

I V

Bulle du pape Clément X (1).

Pour mémoire perpétuelle de ces présentes.

Sur ce qui nous a été exposé, que dans l'église ou chapelle de saint Léon, martyr et évêque de Rouen, et patron de la ville Bayonne, sise au-dehors de cette ville, il y a une confrairie de fidèles et hommes de tous métiers, canoniquement établie ou à établir, sous l'invocation de ce saint, dans laquelle les confrères et les confréresses ont accoutumé d'exercer plusieurs œuvres pies et de charité ;

Nous, afin que cette frairie fasse de nouveaux progrès dans la dévotion ; dans la confiance que nous avons en la miséricorde de Dieu tout-puissant, et de l'autorité de saint Pierre et saint Paul, ses Apôtres, concédons à tous les fidèles de l'un et l'autre sexe, indulgence plénière de tous leurs péchés le jour de leur entrée en ladite frairie si, véritablement pénitents et confessés, ils reçoivent ce jour le Saint-Sacrement de l'autel.

Nous accordons pareillement indulgence plénière aux mêmes confrères et confréresses déjà reçus, ou qui par ci-après se feront recevoir en ladite frairie en l'article de la mort de chacun d'eux si, véritablement pénitents et confessés, ils reçoivent la sainte communion ; ou qui, s'ils ne peuvent pas

(1) Le texte latin s'est égaré. Nous en donnons la traduction française, telle que Jean d'Olce la publia en 1675.

se confesser ni communier, du moins, en esprit de contrition, invoqueront dévotement le saint Nom de Jésus de bouche ou de cœur, s'ils ne peuvent pas autrement.

Aux mêmes confrères et confréresses, reçus ou à recevoir, qui, vraiment pénitens, confessés et communiés, visiteront dévotement l'église ou chapelle, ou l'oratoire de la confrérie par chaque année, le huitième jour suivant immédiatement, après la fête de saint Léon, depuis les premières vêpres jusqu'au coucher du soleil, et y feront des prières pour l'union des princes chrétiens, pour l'extirpation des hérésies, et pour l'exaltation de l'Eglise notre sainte mère, nous leur concédons de même, miséricordieusement en Dieu, indulgence plénière et rémission de tous leurs péchés.

Aux mêmes qui, confessés et communiés, visiteront ladite église, chapelle ou oratoire, en la manière qu'il a été dit, et par chaque année, le Dimanche de la Pentecôte, le second jour après Pâques, les fêtes de l'Assomption et Immaculée Conception de la Sainte Vierge, et prieront dévotement Dieu dans ladite chapelle chacun desdits jours, accomplissant ce qui a été marqué, nous leur accordons sept ans et tout autant de quarantaines d'indulgences.

Nous accordons aux mêmes, dans la forme ordinaire de l'Eglise, soixante jours pour les pénitences qui leur ont été enjointes, ou auxquelles ils sont obligés, en quelle manière que ce soit, toutes les fois qu'ils assisteront aux messes ou offices divins qui seront célébrés ou récités dans la dite église, chapelle ou oratoire ; toutes les fois de même qu'ils se trouveront aux assemblées publiques ou privées de ladite frairie, qu'ils logeront quelque pauvre par esprit d'hospitalité, qu'ils moyenneront, ou par soi ou par le ministère d'autrui, quelque paix ou réconciliation entre personnes ennemies ; qu'ils accompagneront à l'église les corps des fidèles défunts, tant confrères, confréresses qu'autres ; qu'ils assisteront aux processions qui seront faites par la permission de l'Ordinaire ; qu'ils accompagneront le Saint Sacrement lorsqu'il sera porté aux processions, soit aux malades, ou en quelqu'autre manière, lieu et temps que ce soit, ou, s'ils ont quelque empêchement de le faire, qu'ils diront la Prière Dominicale, ou la Salutation de l'Ange une fois, au signe qui leur en sera donné par la clochette qu'ils réciteront cinq fois les mêmes Prière Dominicale et Salutation de l'Ange pour les âmes des défunts confrères et confréresses ; qu'ils ramèneront quelque dévoyé au chemin de salut ; qu'ils enseigneront les Commandemens de Dieu et les vérités nécessaires au salut aux ignorans, et qu'ils exerceront quelqu'autre œuvre de piété et de charité que ce soit.

Les présentes étant perpétuelles, à l'exception de l'année à venir du jubilé.

Nous voulons pourtant que s'il a été accordé précédemment quelque indulgence perpétuelle, ou pour un temps qui ne soit pas encore échu,

auxdits confrères et confréresses, pour mêmes
fins, que dès-lors, comme dès à présent, ces
présentes soient nulles ; et même, si ladite frairie
a été d'autrefois, ou qu'elle soit par ci-après
aggrégée à quelque archi-confrérie. ou unie
comment que ce soit, et en quelle manière
qu'elle soit établie, les premières et toutes autres
lettres apostoliques ne leur servent à rien, et
soient absolument sans aucun effet.

Donné à Rome, à Sainte-Marie-Majeure, sous
l'anneau du pêcheur, le 10 janvier 1675, l'an
cinquième de notre Pontificat.

Plus bas et à côté, SLUSIUS.

Avec la permission de Monseigneur, ainsi signé :
JEAN , *Ev. de Bayonne.*
ᴅᴇ Sᴀɪɴᴛ Mᴀʀᴛɪɴ . *Vic.*
ᴅᴇ Lᴀʀʀᴀʟᴅᴇ , *Secr.*

V

**Extrait du catéchisme de Bayonne ,
par Mgr. de la Vieuxville. An 1730**.

D. *Quel jour célèbre-t-on la fête de saint Léon, patron de la ville et du diocése de Bayonne ?*
R. Le premier jour de mars.
D. *Qu'est-ce que saint Léon ?*
R. C'est un évêque illustre par sa sainteté et son
martyre, qui a annoncé Jesus-Christ dans ce
païs, éclairé les peuples des lumieres de la foy,
detruit l'idolatrie, et reformé les mœurs.

D. D'où est-il venu en ce païs ?

R. L'on croit qu'il est venu de Roüen, où il était archevêque, accompagné de deux de ses frères Philippe et Gervais.

D. D'où croit-on qu'était saint Léon, et en quel temps est-il venu dans ce païs ?

R. L'on croit qu'il étoit né dans une petite ville de Normandie, nommée Carentan, et qu'il vint ici dans le neuviéme siécle de l'Eglise.

D. Quel motif le porta à venir ici ?

R. Ce fut pour suivre l'inspiration de Dieu, qui vouloit en faire l'Apôtre du diocése de Bayonne.

D. Il est donc le premier qui ait porté la foy dans ce païs. et y ait fait connoître Jésus-Christ, puisqu'il en est l'Apôtre ?

R. S'il n'est pas le premier comme on le croit, du moins il a rétabli la foy, qu'il trouva presque éteinte, par la corruption des mœurs qui y regnoit, et le mélange des payens qui y adoroient de fausses divinitez, et c'est pour cela qu'il est regardé comme l'Apôtre de ce païs.

D. Que fit-il pour y réussir ?

R. Poussé de l'esprit de Dieu, il quitta son diocése, après avoir pourvû au gouvernement de son Eglise, vint à Bayonne après avoir prêché dans quelques endroits de sa route ; et la divine Providence lui en ayant ouvert les portes, il y annonça l'Evangile.

D. Comment lui permit-on d'entrer dans la ville ?

R. Les habitans de la ville ayant appris le sujet de son voyage, lui envoyerent des députez pour l'inviter d'entrer dans leur ville.

D. *Comment fut-il reçu ?*

R. Une partie des habitants lui fit un accueil assez favorable, et Dieu benissant ses travaux et son zéle, plusieurs crurent à ses prédications et changerent de vie et de croyance.

D. *N'eut-il pas des contradicteurs et des persécuteurs ?*

R. Le démon, ennemi de tou' bien, lui en suscita plusieurs ; et ses freres furent, comme l'on croit, les deux premières victimes de leur fureur.

D. *Qu'est-ce qui anima le plus ses persécuteurs contre lui ?*

R. Ce fut pour avoir reduit en poussiere, par la vertu et la force de ses prieres, l'idole de Mars qui étoit publiquement adoré dans un temple, dont on voit encore les restes dans la ville.

D. *Qu'arriva t'il ensuite ?*

R. Après bien des peines et des persécutions, et après avoir recommandé à Dieu les fidèles et la ville de Bayonne, il eut la tête tranchée, et reçut la couronne du martire.

D. *Dans quel endroit eut-il la tête tranchée ?*

R. Ce fut sur les bords de la Nive, près de la ville, hors la porte d'Espagne, qu'on appelle pour cette raison *la Porte de saint Leon.*

D. *Qu'est ce qui se fit de merveilleux après sa mort ?*

R. La tradition du païs porte que le saint Martyr, vivant pour ainsi dire après sa mort, marcha jusqu'à la fontaine qui porte son nom et s'y arrêta.

14

D. *Que firent les fidéles qu'il avoit éclairés des lumières de la foy ?*

R. Ils lui érigerent en cet endroit une chapelle, comme un monument perpetuel du triomphe du saint Martyr, et un témoignage éclatant de sa gloire.

D. *Que devint son corps?*

R. Il fut inhumé dans cette chapelle, où sa mémoire fut en vénération et son tombeau fréquenté, même par les peuples voisins.

D. *Quel changement y est-il arrivé par la suite ?*

R. La crainte que ce sacré dépôt ne tombat entre les mains des héretiques, qui profanoient tous les lieux saints, engagea le clergé et les magistrats à porter ces précieuses reliques dans la ville.

D. *Où sont-elles à présent?*

R. Elles sont dans l'église cathédrale renfermées dans une riche chasse, placée dans le chœur, au dessus du siége épiscopal, d'où on les descend dans les calamitez publiques, pour fléchir la colere de Dieu par l'intercession de ce saint protecteur de la ville et du diocèse.

D. *Où est placé le chef de saint Léon?*

R. Il est dans un riche buste d'argent à la chapelle de saint Pierre, d'où on le retire pour l'exposer à la dévotion des fidéles, ou le porter en procession le jour de sa fête, et aux autres principales fêtes.

D. *La dévotion des fidéles envers ce saint Martyr subsiste-t-elle encore ?*

R. Elle est gravée dans leurs cœurs depuis leur plus tendre enfance, et croît avec leur âge.

D. Que font les fidèles pour témoigner leur dévotion envers saint Léon ?

R. 1º Ils lui adressent leurs prières et leurs vœux.

2º Ils recourent à son intercession dans les calamitez publiques, et portent son chef processionnellement pour obtenir du Ciel un plus prompt secours.

3º Ils vont en procession le jour de sa fête, au lieu où l'on croit qu'il fut martyrisé.

4º Ils ont érigé en son honneur une célèbre confrairie, pour perpetuer la dévotion envers leur saint Patron, et attirer sur la ville sa puissante protection auprès de Dieu.

D. Quelles ont été les principales vertus de saint Léon ?

R. 1º Un grand zéle pour le salut des ames, qui lui a fait entreprendre les p'us grands travaux pour les gagner à Jésus-Christ.

2º Une foy et un courage intrépide, pour annoncer l'Evangile, sans craindre les plus grands perils.

3º Une patience heroïque dans les contradictions et les persécutions auxquelles il a été exposé, et qu'il a souffert pour le nom de Jesus-Christ.

D. Que signifie cette cérémonie qui se pratique tous les ans au jour de la Pentecôte, où messieurs les syndics et trésorier de la ville se rendent à la porte de saint Leon, y font porter des

fleurs et des rubans, que l'on jette par terre,
pour être foulez aux pieds : de là s'en vont à
l'Hôtel de Ville, d'où ils reviennent avec mes-
sieurs les magistrats à la même porte, où ils
trouvent des flambeaux allumez, que messieurs
les magistrats portent à l'Eglise cathedrale?

R. C'est 1° pour rappeler le souvenir du jour auquel les députez furent envoyez à saint Leon,
pour le prier d'entrer dans la ville et d'y prè-
cher, ce que l'on croit être arrivé le jour de la
Pentecôte.

2° Pour remercier Dieu de la grace qu'il a fait
à la ville, de lui avoir envoyé ce saint prédicateur.

D. *Que signifient ces fleurs et ces rubans que l'on*
jette par terre pour être foulez aux pieds?

R. Ils signifient les superstitions et toutes les vanités du paganisme, auxquelles les habitants re-
noncèrent à la prédication de saint Leon.

D. *Que signifient les flambeaux allumez que l'on*
porte à l'église?

R. Ils signifient les lumieres de la foy, dont la ville
a été éclairée, et qui ont dissipé les ténebres du
paganisme.

D. *Sur quoy est fondé ce que vous dites de la pré-*
dication et du martire de saint Léon?

R. Sur la tradition constante du païs, reçûë de
pere en fils. de génération en génération, par
tous les ordres de la ville et du diocèse, du
clergé et des séculiers, des peuples et des magistrats, dont on ne trouve point de commence-

ment, et qui par conséquent doit être vraye dans son origine.

D. Comment cela ?

R. C'est que nul esprit raisonnable ne se persuadera que tout un peuple ait toujours crû constamment depuis tant de siècles qu'un saint nommé Léon a annoncé la foy dans ces pays, y a souffert le martire, et que ce peuple ait pratiqué des cérémonies si marquées, pour en conserver la mémoire, si la chose n'étoit pas véritable dans son principe : ainsi on ne peut sans témérité disputer du fond de l'histoire, quoyqu'on en ignore quelques circonstances.

VI

Procès-verbal de la reconnaissance des Reliques de saint Léon, en 1805.

JEAN-JACQUES LAMARQUE, vicaire-général du diocèse de Bayonne, au clergé de l'Église cathédrale de Bayonne, aux catholiques de la même ville et à tous ceux qu'il appartiendra. Salut en Notre-Seigneur.

Ayant été informé que l'église cathédrale Notre-Dame de Bayonne avoit par l'effet de la Révolution perdu les reliques de saint Léon, évêque de Bayonne et martyr, patron du Diocèse, qu'elle possédoit, qui étoient de tems ancien exposées à la vénération publique et portées solemnellement en procession dans et hors la ville le jour de la fête de S. Léon, et en d'autres occasions de fléaux ou calamités publics; que cependant il conste par une ancienne tradition que le bras du même S. Léon avoit été jadis extrait des dites reliques et concédé aux Dames religieuses de l'ancien couvent de S. Bernard du Boucau en notre diocèse, où il était pareillement exposé à la vénération des Fidèles; qu'enfin cette relique n'avoit pas été comme l'autre la proie des flammes, et qu'elle existe encore :

Voulant procéder, selon les régles canoniques, à la recherche, reconnoissance et approbation de la dite relique, nous aurions en conséquence le sept février de la présente année, dans la maison où habite le sieur Jean Eyharabide, curé-chanoine dans la dite Eglise cathédrale, lui présent et assistant, assemblé en conseil les Srs Robert Hocquet d'Alincourt, chanoine de la même cathédrale, ci-devant vicaire-général et dans la vacance administrateur de l'ancien diocèse de Bayonne; Jacques-Guillaume de Luppé, chanoine de la cathédrale; Nicolas Dubois, chanoine honoraire et vicaire de la cathédrale; Jean Lahirigoyen et François Marsan, aussi vicaires de la cathédrale; Jean Pierre d'Etcheverry, ancien curé de Labets et chanoine honoraire de la cathédrale; lesquels, en approuvant notre dessein, comme conforme au vœu des fidèles bayonnais et avantageux à la religion, nous auroient confirmé la vérité de la narrative ci-dessus, et en outre déclaré qu'il existoit dans la présente ville deux religieuses professes du couvent de St. Bernard du Boucau, qui avoient eu en

mains, retiré de leur église et conservé jusqu'à ce
jour, la dite relique, jadis concédée à leur maison.
Les dites religieuses par nous appellées le même
jour dans la même maison, nous auroient dit s'appeller Marie Gaspard et Jeanne Gaspard, être religieuses professes du couvent de S. Bernard du
Boucau en ce diocèse, et avoir connoissance de la
relique en question.

Et le lendemain, nous étant transportés en la
maison où demeurent ces deux religieuses avec
le sieur François Marsan, vicaire de la cathédrale,
nous les aurions interpellées de nous dire sous la
religion du serment ce qu'elles savoient de la relique en question; à quoi obéissant elles nous auroient déclaré devant Dieu, qu'il y avoit dès les
tems anciens dans leur église une relique dite de
S. Léon évêque de Bayonne, avec une autre dite
de Saint Macaire, qui l'une et l'autre étoient renfermées dans un coffret de bois, fait en forme de
basilique, recouvert en entier d'une lame d'argent,
et ainsi exposées à la vénération des fidèles dans
leur église ; qu'un jour pendant l'effervescence de
la Révolution, elle Jeanne Gaspard étant avec la
dame abesse du dit couvent en prières devant
l'autel, dans le haut-chœur de l'église, entrèrent
une douzaine d'hommes dans la même église,
qu'ils pillerent et dévasterent, elles le voyant sans
être vues ; que huit d'entr'eux ayant apperçu sur
l'autel le dit reliquaire, y monterent pour l'enlever; mais que Dieu ne permit pas qu'ils l'enlevas-
sent, ni qu'ils y fissent aucune dégradation, que

s'étant après retirés, elle Jeanne Gaspard, de l'ordre de la Dame abbesse et en sa présence, ferma la porte de l'Eglise, enleva le précieux reliquaire et l'emporta dans le couvent; que la crainte des visites domiciliaires les détermina à confier ce dépôt renfermé avec d'autres effets d'église dans un grand coffre à M^r et Mme Dubrocq, lors à leur maison des champs.

Nous étant en conséquence rendus chez lesdits sieur et dame Dubrocq, habitans de la présente ville, en compagnie du Sr Joseph Léon Dubrocq, prêtre, chanoine honoraire de la cathédrale, et les ayant interrogés sur ce dessus; ils nous auroient dit s'appeller Joachim-Salvador Dubrocq, père, et Laurence Dubrocq son épouse, née Faurie, et ensuite affirmé par serment avoir reçu le dit grand coffre, en avoir tiré et brulé plusieurs effets d'église crainte de malheur; mais avoir conservé intact le coffret inclus et fermé à clef, sans savoir ce qu'il renfermoit, et l'avoir en même état remis à elles Marie et Jeanne Gaspard, dépositaires de la clef du dit coffret. Lesquelles, par nous de rechef interrogées, nous ont déclaré avec serment, avoir reçu et reconnu le dit reliquaire sans aucune altération : et ensuite, sur l'ordre du susdit sieur d'Alincourt, lors vicaire général administrateur du diocèse, auquel elles crurent devoir obéir, avoir extrait du coffret la relique de S. Léon, ayant son étiquette écrite sur parchemin en lettres gothiques portant : *Brachium S. Leonis, Episcopi Baionensis*, et l'avoir envoyée par sœur Marie Lespès, tourière du couvent de la Foi de Bayonne, au dit Sr d'Alincourt. La dite sœur Marie, par nous appellée et interrogée sur ce message, nous auroit pareillement déclaré avec serment avoir reçu la dite relique, et l'avoir fidèlement remise en mains du Sr d'Alincourt, qui, par nous également interpellé, nous auroit sous la même foi du serment déclaré avoir reçu la dite relique avec son étiquette *Brachium S. Leonis,* avoir reconnu l'os du bras, en avoir séparé une partie, puis en avoir remis l'autre partie du bras aux dites Jeanne et Marie Gaspard, avec l'étiquette ci-dessus. Sur quoi les dites Jeanne et Marie Gaspard, de nouveau par nous interrogées, nous auroient déclaré avoir reçu et reconnu tant l'étiquette que la partie de la dite relique de S. Léon : avoir ensuite fait deux bourses de satin cramoisi, une grande pour la relique ayant étiquette *Maxilla S. Macarii* et une petite pour la relique de S. Léon : et le tout renfermé par elles dans la dite grande bourse de satin; l'avoir porté dans la maison épiscopale et remis en mains de Mgr l'Evêque en présence du Sr François Honnert, secrétaire de l'évêché, où nous étant rendus le 17 fevrier avec les dites Jeanne et Marie Gaspard, M. le secrétaire, prié par nous, auroit ouvert une armoire et dans icelle un petit tiroir où était renfermée ladite bourse de satin cramoisi, et l'ayant retirée et ouverte devant lui, les dites religieuses, et Marianne Harretche domestique de confiance de l'Evêché, nous y avons trouvé une relique avec une étiquette en parchemin où étoient écrits en lettres gothiques ces mots : *Maxilla S. Macarii*, puis une autre bourse, aussi de satin cramoisi, où étoit une autre relique avec étiquette en parchemin, où étoient écrits en lettres gothiques ces mots : *Brachium S. Leonis, Episcopi Baionensis*, que les dites Jeanne et Marie Gaspard nous ont dit reconnoitre parfaitement pour les mêmes bourses et reliques par elles portées dans la maison épiscopale.

C'est pourquoi, reconnoissant l'identité des dites saintes reliques avec celles ci-devant exposées à la vénération des fidèles et les approuvant comme vraies et authentiques reliques de saint Léon et de saint Macaire, nous nous serions le 23 fevrier de nouveau rendus en la maison épiscopale, où la dite armoire et tiroir nous étant ouverte par M. le secrétaire en présence de lui et de la dite Marianne Harretche, nous aurions vénéré les dites saintes reliques, dit le verset et oraison les concernant, et ensuite placé la relique de saint Léon dans le même reliquaire fait en forme de basilique et surdoré. Et celle de saint Macaire dans un autre reliquaire. Et de tout ce dessus avons dressé et clôturé le présent verbal, signé de nous et de toutes les personnes susnommées à l'exception de Marianne Harretche, qui a dit ne savoir signer, à Bayonne, le vingt-trois fevrier mil-huit-cent-cinq.

LAMARQUE, vic. gén.

D'ALINCOURT. — EYHARABIDE, curé chan^e. — DETCHEVERRY, ch^e hon^{re}. — DUDROCQ, ch^e

hon^re. — LAHIRIGOYEN, vicaire. — DUBOIS,
ch^ne h^re. — HONNERT, sec^re de l'Evêché. —
MARSAN, vicaire. — JOACHIM DUBROCQ. —
LAURENCE FAURIE-DUBROCQ. — DE LUPPÉ,
chanoine de la cathédrale.

J.-J. LAMARQUE, vicaire général de Bayonne ;
Vû le procès verbal cy dessus, pour la plus
grande gloire de Dieu, l'honneur de S. Léon évêque et martyr patron de ce diocese, et de S. Macaire, nous avons ordonné et ordonnons ce qui suit.

I

La relique de saint Léon sera et demeurera dans
un reliquaire ou cassette en forme de basilique sus
mentionnée, laquelle renfermera aussi l'original
du présent verbal et ordonnance, et sera fermée à
clef, pour être ensuite placée au haut du chœur
au lieu ordinaire où était cy devant la grande relique du même S. Léon.

II

A commencer dès cette année, et ensuite tous
les ans à perpétuité le premier jour de mars s'il
tombe en dimanche, ou autrement le dimanche le
plus proche jour de la fête de S. Leon, lad. relique sera descendue par un prêtre revetu d'étolo
et surplis, placée dans le sanctuaire, et portée
processionnellement dans la ville de Bayonne,
et sera tout led. jour exposée à la vénération des
fideles. Il y aura devant la relique deux cierges
allumés, et le soir du même jour elle sera religieusement reportée à son lieu ordinaire.

III

Il sera tiré une copie fidele de la présente ornance et verbal pour être déposée et conservée dans le secretariat de l'Evêché, pour y avoir recours en tant que de besoin.

Donné à Bayonne le vint-quatre fevrier mille-huit cent cinc.

LAMARQUE vic. gén.

Par Mandement, HONNERT.

NOUS, PAUL-THÉRÈSE-DAVID D'ASTROS, par la miséricorde divine et la grâce du Saint-Siège apostolique EVÊQUE DE BAYONNE, à la suite de la visite que nous avons faite de notre église cathédrale le jour d'hier dimanche 26 octobre 1823, ayant vérifié le reliquaire et les deux reliques ci-dessus mentionnés, AVONS trouvé toutes choses en l'état décrit dans le procès-verbal ci-dessus ; et, pour conserver plus sûrement l'authenticité des dites reliques, les avons mises toutes dans la même bourse de satin, que nous avons ensuite scellée d'un double sceau de nos armes et renfermée dans le reliquaire fait en forme de basilique sus doré

En foi de quoi nous avons fait, signé et muni de notre sceau le présent acte, à Bayonne, le 27 octobre 1823.

† P. T. D., Evêque de Bayonne.

Par Mandement,

CARTERON.

Vu par nous,

† FRANÇOIS, Evêque de Bayonne.

VII

Le Culte de saint Léon à Saint-Sever-cap-de-Gascogne

Dans l'ancienne église de Saint-Sever, vers 1700, l'autel de la première absidiole, du côté de l'Evangile, était consacré à saint Léon et la chapelle était paroissiale. Sur le plan par-terre dressé par un bénédictin, dans la courbure de l'absidiole, se lisent les mots suivants :

Altare
S. Leonis, Epi. Bayon. martyris,
et parochiæ.

Voici ce qu'on lit à ce sujet dans une *Histoire de Saint-Sever*, précieux manuscrit qu'éditent en ce moment M. *Lugat*, curé-doyen de Villeneuve-de-Marsan, et M. *Pédegert*, chanoine de la cathédrale d'Aire :

... « Erant, super altare S. Leonis, ejusdem sacræ reliquiæ, in armariis quibusdam in albo lapide elaboratis ; sed temporum incuria simul et ignorantia, error obrepserat eas esse cujusdam *romani* pontificis, qui, cum ad S. Jacobi sepulchrum peregrinaretur, Bayonæ decessisset. Et juxta hunc errorem testatur d'Abbadianus (d'Abbadie, notaire du monastère) in notis suis, quod hœreticorum grassationis tempore (1569), S. Leo ante altare sui nominis esset representatus ut

15

summus pontifex, habens duos ad latera cardina-
les.

« Fabula anilis hæc est , romanum pontificem
Bayonæ obiisse, sed vera narrat historia, *quam
ex archivis confratriæ* S. Leonis bayonensis ac-
cepi, quod : Anno circiter nongentesimo, S. Leo
archiepiscopus Rothomagensis , cum a Romano
Pontifice ad Ilispanias missus esset, Evangelii
prædicandi causa, invenit, iter agendo, Bayonam
adhuc idolatria tenebris involutam (nempe ex
frequenti Vandalorum Saracenorum, seu Normannorum contubernio, ibique Christum magno cum
zelo prædicasse, idolorum templa destruxisse
plures ad fidem salubriter deduxisse, et tandem
ab idololatris *piratis* martyrium passum esse. Atque ut martyr colitur Bayonæ (Ad marg) : (Dies
festus S. Leonis martyris celebratur Iᵃ die martii.)

« *Hic* autem, quinta die junii, fit de eo officium
ut *confessoris* pontificis ; quod, mea sententia, ex
errore prædicto procedit. Hoc unum favet huicce
consuetudini, nempe quod in antiquo Hagiologio
nostro , nonis junii, annuncietur : *Dedicatio* S.
Leonis confessoris. Cum ergo, die illa, non sit festi-
vitas S. Leonis Bayonæ, sequitur quod consue-
visset *hic* celebrari, vel ejusdem S. Leonis *altaris
dedicatio,* vel sanctarum ejus *reliquiarum sus-
ceptio.* Cur autem confessor dicatur, qui martyr
fuerit? Aut utrum alter fuerit S. Leo confessor, a
martyre discretus, determinare non possum ; quippe
qui antiqui Hagiologii fidem infirmare non valeant
nec errori posteriorum temporum consentire. Id

autem censeo, et S. Leonem bayonensem marty-
rem fuisse, quod indubie constat ; et *ejusdem* fuisse
reliquias, quæ diu super altare ejus nomini dica-
tum sunt asservatæ.

« Alium autem confessorem ejusdem nominis *hic*
non novi ; ideoque officium de *martyre*, potius
quam de confessore, arbitror, celebrandum esse. »

*(Extrait de l'*HISTOIRE DE SAINT-SEVER, *pag. 169
de l'imprimé.)*

VIII

Images et Statues de saint Léon.

Nous ne connaissons aucune médaille qui ait
conservé l'image du patron de Bayonne. On ne possède, dans un genre analogue, que le *sceau* de
l'ancienne paroisse de Saint-Léon : il est aux
archives départementales.

En fait d'images, nous pouvons signaler : 1º un
tableau, aujourd'hui perdu, qui se trouvait sur
l'autel de Saint-Léon, à l'angle nord-ouest des cloîtres de la cathédrale; 2º une gravure assez grossière
qu'on peut voir au frontispice du *Petit Livre de
saint Léon,* publié dans le xviiiᵉ siècle et réim-
primé dans celui-ci ; 3º un grand tableau peint
déposé à l'hôpital Saint-Léon, ou de *Tosse.*

La statuaire a conservé : 1º une statue de pierre
qui gît, en quelque sorte, à la base de la fontaine
de Saint-Léon ; 2º une statue *polychromée,* en bois,
qui se dresse au-dessus de l'autel nouveau, à l'angle sud-est des cloîtres ; 3º la statue placée dans

le sanctuaire de la chapelle de Cambo ; 4⁰ un buste
que possède l'église d'Anglet.

Nous ne parlerons pas de ce buste, qui ressemble
à tous les bustes, et ne rappelle en rien la *décollation* de saint Léon ; décollation qui est, au contraire, exprimée très-vivement dans les autres
pièces.

La statue de pierre de la *fontaine,* et la statue de
bois des *cloîtres,* représentent saint Léon décapité,
portant son *chef* de ses deux mains, *contre le
milieu de la poitrine;* il en est de même de la
statue de Cambo.

Dans la gravure du *Petit Livre,* saint Léon
décollé et revêtu d'une chape très ample, porte
sa tête *mitrée,* de la main gauche, contre la région
du cœur, et tient, de la main droite, une crosse à
cinq volutes. Un ruisseau de sang (ou d'eau), qui
se forme au-dessus des épaules, s'épanche le long
des replis de la chape jusqu'à terre.

En toutes ces images, saint Léon est représenté
debout.

Le grand tableau de l'hôpital de *Tosse* est plus
compliqué. Il ornait autrefois le rétable de l'ancien
hôpital, et il nous paraît avoir appartenu à la
confrérie de S. Léon.

En voici la description abrégée :

Au bas du tableau S. Léon est représenté à genoux, revêtu d'ornements pontificaux et déjà décapité. A sa gauche et sur le sol se trouve la tête,
couronnée de la mître et dans une position verti-
cale. Une large traînée de lumière court de la

poitrine du saint jusqu'au lieu où repose la tête. Un peu plus loin apparaît une croix nue. A la droite du bienheureux on remarque un homme vêtu en chevalier du moyen-âge, portant deux figures monstrueuses en guise d'épaulettes, et semblant détourner son regard. Entre cet homme et le martyr c'est le bourreau, ou pour mieux dire le valet du bourreau ; il appuie la main droite sur un glaive ensanglanté et renversé. Son bras gauche, visiblement crispé, se lève et paraît vouloir retenir saint Léon, qui se présente, en effet, au haut du tableau comme dans une seconde scène.

Debout sur de brillants nuages, le saint martyr monte vers le ciel portant sa tête des deux mains contre sa poitrine et revêtu d'une chape. Un personnage, qui est sans doute un ange, paraît descendre à sa rencontre. Dans la pensée de l'artiste, cette seconde scène est certainement l'apothéose de saint Léon.

N'omettons pas un détail archéologique : c'est que les ornements, et en particulier l'orfroi des chapes, portent des médaillons historiés qui rappellent très bien les sujets décoratifs de ces beaux ornements du moyen-âge que conserve avec tant d'amour la vieille cathédrale d'Oloron-Sainte-Marie.

§ II

PIÈCES LITURGIQUES

I

Litanies de saint Léon

Seigneur, ayez pitié de nous.

Jésus-Christ, ayez pitié de nous.

Seigneur, ayez pitié de nous.

Jésus-Christ, écoutez-nous.

Jésus-Christ, exaucez-nous.

Père céleste, qui êtes Dieu, ayez pitié de nous.

Fils, rédempteur du monde, qui êtes Dieu, ayez pitié de nous.

Esprit Saint, qui êtes Dieu, ayez pitié de nous.

Sainte Trinité, qui êtes un seul Dieu, ayez pitié de nous.

Sainte Marie, Mère de Dieu, priez pour nous.

Saint Léon, apôtre de Bayonne, priez pour nous.

Saint Léon, qui avez ramené la foi parmi nous,

Saint Léon, qui avez réduit les idoles au silence,

Saint Léon, qui avez détruit le culte de l'idolâtrie,

Saint Léon, qui avez converti nos pères,

Saint Léon, martyr de Jésus-Christ,

Saint Léon, qui avez donné votre vie pour nous,

Saint Léon, qui avez empourpré notre terre de votre sang,

Saint Léon, qui nous avez engendrés à Jésus-Christ,

Priez pour nous.

Saint Léon, dont nous sommes les enfants bien-
aimés, priez pour nous.

Saint Léon, honneur de la ville,
Saint Léon, rempart de la cité,
Saint Léon, gloire du Labourd,
Saint Léon, modèle de foi,
Saint Léon, modèle de charité,
Saint Léon, modèle de chasteté,
Saint Léon, modèle de mortification,
Saint Léon, modèle de patience,
Saint Léon, modèle de constance,
Saint Léon, modèle de dévouement,
Saint Léon, modèle de toutes les vertus,
Saint Léon, confiance des familles,
Saint Léon, espoir des mères,
Saint Léon, protecteur des enfants dès leur
naissance,
Saint Léon, protecteur des pauvres,
Saint Léon, secours des malades,
Saint Léon, consolateur des affligés,
Saint Léon, notre intercesseur auprès de Dieu,

Priez pour nous.

Pour que nous conservions la foi, intercédez pour
nous.
Pour que nous obtenions la rémission de nos
péchés,
Pour que nous vivions dans la charité,
Pour que nous gardions la chasteté,
Pour que nous pratiquions l'humilité,
Pour que nous méprisions les vanités,
Pour que nous évitions les piéges du démon,
Pour que nous soyons préservés de tout mal,

Intercédez pour nous.

Pour que nous soyons préservés de tout péché, intercédez pour nous.

Pour que nous persévérions jusqu'à la fin, intercédez pour nous.

Pour que nous fassions une sainte mort, intercédez pour nous.

Pour que nous arrivions au ciel, intercédez pour nous.

Agneau de Dieu, qui effacez les péchés du monde, pardonnez-nous, Seigneur.

Agneau de Dieu, qui effacez les péchés du monde, exaucez-nous, Seigneur.

Agneau de Dieu, qui effacez les péchés du monde, ayez pitié de nous, Seigneur.

ỳ. Priez pour nous, bienheureux saint Léon,

℟. Afin que nous devenions dignes des promesses de Jésus-Christ.

ORAISON.

O Dieu, qui nous avez fait passer des ténèbres de l'erreur à la lumière de l'Evangile par les prédications de votre bienheureux Pontife et Martyr saint Léon, donnez-nous, par son intercession, de croître chaque jour en grâce et dans la connaissance de Jésus-Christ Notre-Seigneur, qui vit et règne avec vous dans les siècles des siècles. Ainsi soit-il.

II

Antienne à saint Léon

O saint Léon, martyr glorieux, nous sommes

les enfants de votre amour ; vous nous avez engendrés en Jésus-Christ et vous nous avez nourris du lait de la vraie foi : ne cessez pas, nous vous en conjurons, d'intercéder auprès de Dieu pour nous.

℣. Saint Léon, priez pour nous,

℟. Afin que nous soyons dignes des promesses de Jésus-Christ.

ORAISON.

Dieu, tout-puissant, regardez notre faiblesse, et, comme le poids de nos péchés nous accable, fortifiez-nous par l'intercession du bienheureux Léon, votre martyr et pontife. Par N.-S. J.-C.

III

Prières à saint Léon

1

O Dieu, qui avez fait éclater votre puissance et votre bonté dans la naissance du bienheureux saint Léon, en préservant sa mère des douleurs de l'enfantement, et qui avez inspiré à votre serviteur, dès les premiers jours de sa naissance, un grand amour pour la mortification, faites, s'il vous plaît, que, par ses mérites et par son intercession, nous soyons purifiés dans le feu de votre charité ; que nous ayons la force de surmonter tout ce qui s'oppose à notre salut ; et que, réduisant nos corps en servitude, nous méritions d'arriver à la gloire du ciel. Ainsi soit-il.

2

O Dieu, qui avez inspiré au bienheureux saint Léon le mépris des richesses et de la gloire du monde, et qui, après l'avoir embrasé d'un amour ardent pour la propagation de la foi, avez daigné le décorer de la palme du martyre, et fait jaillir une source salutaire de la terre arrosée de son sang, nous vous conjurons par ses mérites et par son intercession de nous affermir tellement par votre grâce dans la foi et la charité, que nous méritions d'être trouvés fidèles jusqu'à la mort dans votre service. Ainsi soit-il.

3

Prière d'une mère chrétienne avant sa délivrance.

Mon Dieu, créateur du ciel et de la terre, qui ordonnez et disposez tout ainsi que bon vous semble, puisqu'il plaît à votre divine Majesté de se servir de nous pour donner l'être aux petites créatures qui, par votre bonté, doivent être un jour capables de vous servir, honorer et aimer, je vous en supplie, par l'intercession de saint Léon, donnez-moi la force de supporter avec patience les fatigues et les douleurs auxquelles vous m'avez assujettie. Je les accepte volontiers, et je vous prie de les avoir pour agréables : unissez-les aux souffrances que vous avez endurées pour moi dans votre Passion ; et parce que je souhaite de souffrir avec vous, et de ne vivre que pour vous, je m'offre à votre divine Majesté avec l'enfant que je porte, afin qu'il puisse arriver au terme qui est nécessaire pour être régénéré sur les Fonts du Baptême, et se rendre toute sa vie obéissant à vos commandements. Exaucez, mon Dieu, les prières que je vous adresse; recevez la mère et l'enfant en votre sainte garde! Vous êtes notre refuge, notre appui et notre consolation; ayez donc pitié d'une mère qui désire donner le jour à un serviteur de votre bien-aimé Fils, à un de vos élus. J'espère aussi, Très Sainte Vierge, qu'il sera votre serviteur dévoué, car dès ce moment je vous offre et la mère et l'enfant. Et vous, bienheureux saint Léon, veillez sur nous, protégez-nous; faites que nous vous imitions fidèlement sur la terre, afin que nous ayons le bonheur de régner avec vous dans le ciel. Ainsi soit-il.

I V

Évangile (1)

Sequentia sancti Evangelii secundum Marcum.

In illo tempore, dixit Jesus discipulis suis : Euntes in mundum universum, prædicate Evangelium omni creaturæ. Qui crediderit et baptizatus fuerit, salvus erit : qui verò non crediderit, condemnabitur. Signa autem eos qui crediderint, hæc sequentur : in nomine meo dæmonia ejicient : linguis loquentur novis : serpentes tollent : et si mortiferum quid biberint, non eis nocebit : super ægros manus imponent, et benè habebunt.

(1) Cet évangile est celui de la fête de saint Léon, dans le vieux *Missel* de Bayonne. On le lisait, durant l'octave, pour les petits enfants et leurs mères.

V

Hymnes à saint Léon

PREMIÈRE HYMNE

Audiat tellus, faveatque cœlum :
En dies festus rediit Leoni,
Quo pios cantus decet atque sacras
    Pangere laudes.

Hunc sinu fovit pietas benigno ;
Hunc fides custos clypeo potenti
Induit puris adolevit intus
    Gratia flammis.

Inclytis fulgens titulis, avitum
Sponte proculcat decus ; atque grandi
Cuncta dùm sordent animæ, fit unus
    Omnia Christus.

Mundus incassum juveni superbos
Explicat fastus : pia vota cœlum
Ambiunt, illic meliore splendet
    Stemna nitore.

Hinc juvat Christi pretiosa ferre
Probra ; sed virtus latitare nescit :
Luce diffusa radians ad altos
    Surgit honores.

Dum vovit sese pecori tuendo,
Tota portentis celebratur ætas ;
Donec optatam liceat parare
    Morte coronam.

Summa laus summo sit ubique Patri ;
Summa laus summo sit ubique Nato ;
Par sit amborum tibi laus per omne ;
    Spiritus, ævum. Amen.

Traduction (même air).

Terre, terre, entends !
Ciel daigne sourire.
Voici l'heureux temps
D'un pieux délire.
Gloire à saint Léon !
Gloire au divin patron,
A son martyre !

Son cœur se forma
Sous l'œil de sa mère ;
La foi le garda
Sous son joug sévère ;
Son esprit béni
Fut toujours embelli
De grâce austère.

Gloire, noms, aïeux,
Bien-être, naissance,
Tout lui fut odieux
Dès sa tendre enfance.
Dans ce dénûment
Tu fus, ô Christ aimant !
Son opulence.

En vain à ses yeux
Montres-tu tes charmes,
Monde fastueux ;
Il rit de tes armes.
Son cœur pur attend
Du ciel resplendissant
L'honneur sans larmes.

O Jésus ! ta mort,
Ta croix et ta honte,
Est l'unique sort
Que son cœur affronte.
Mais son nom reluit
De tout l'éclat qu'il fuit :
Au trône il monte.

Son zèle enflammé
Nous fit sa conquête ;
A son peuple aimé
Il donna sa tête.
Martyr ! quel destin
Vient couronner ta fin
Par une fête !

Gloire ! amour ! bonheur !
A Dieu notre Père !
Au Fils même honneur
Même amour sincère !
A l'Esprit heureux
Même honneur qu'à tous deux,
Et gloire entière !

SECONDE HYMNE

Civem receptum cœlites
Astris Leonem dum canunt,
Nos personemus inclytum
Festis triumphum cantibus.

Hic morte felici novum
Cruci trophæum condidit :
Et quam reduxit finibus
Nostris salutem sanciit.

Quid Maurus infandis parat
Delere cædibus fidem ?
Surget per orbem pulchrior
Suis renascens cladibus.

Beata tellus quam Leo
Fuso sacravit sanguine :
Fructus perennes edocens
Sinu feraci fundere.

Æterne regnantis comes
Agni, tuum ne deseras
Gregem ; minaces comprime
Sævi draconis impetus.

Da, Christe, tanti Præsulis
Pugnare terris æmulos :
Da, quod supernis sedibus
Tenet, mereri præmium.

Sit Trinitati gloria,
Potente dextra quæ suos
Gaudet tueri Martyres,
Jugique palma cingere. Amen.

Traduction (même air).

En ce beau jour où la troupe des anges
   Reçoit saint Léon dans le ciel,
   Mêlons ici-bas nos louanges
   A leur cantique solennel.

De la croix sainte il restaura l'empire
   Au prix de son sang généreux,
   Et cimenta par son martyre
   La foi rendue à nos aïeux.

Prétends-tu donc, ô pirate infidèle,
   Noyer notre foi dans le sang?
   Elle survit, noble, immortelle,
   Aux coups de ton glaive impuissant.

Heureuse, heureuse est la terre bénie
   Qu'arrosa le sang de Léon!...
   Recueillons, tous, les fruits de vie
   Qui naissent de son sein fécond.

Du haut séjour des célestes espaces,
   Où tu suis le divin Agneau,
   Contre Satan et ses menaces
   O Léon, garde ton troupeau.

Très bon Jésus, protégez les murailles
   De la cité de ce héros,
   Et guidez ses chères ouailles
   Au lieu de l'éternel repos.

Honneur et gloire à la Trinité sainte,
   Qui, favorable à ses martyrs,
   Les mène au ciel, la tête ceinte
   Des lauriers dus à leurs soupirs.

§ III

PRIÈRES DIVERSES ET INVOCATIONS
AVEC INDULGENCES (1)

1

Invocation à Jésus.

Mon Jésus miséricorde! (100 Jours d'indulg.)

2

Oraison jaculatoire.

Loué et remercié soit à chaque instant le très-saint et très-divin Sacrement! (300 jours d'indulg.)

3

Louanges aux saints noms de Jésus et de Marie en réparation des blasphèmes et des injures par lesquels on les déshonore.

Dieu soit béni! Béni soit son saint nom! Béni soit Jésus-Christ, vrai Dieu et vrai homme! Béni soit le saint nom de Jésus! Béni soit Jésus dans le très saint sacrement de l'autel!

Bénie soit l'auguste Mère de Dieu, la très sainte vierge Marie! Bénie soit sa sainte et Immaculée Conception! Béni soit le saint nom de Marie, vierge et mère!

(1) Ces prières sont extraites de la *Raccolta*, collection officielle d'indulgences.

Béni soit Dieu dans ses anges et dans ses saints !

1. Indulgence d'un an chaque fois que l'on récite ces bénédictions.

2. Indulgence plénière une fois le mois, le jour que l'on veut, si on les récite durant tout le mois.

4

Prière au sacré Cœur de Jésus pour les agonisants.

O Jésus, plein de clémence et d'amour, je vous en conjure au nom de l'agonie de votre très saint Cœur et des douleurs de votre Mère Immaculée, lavez dans votre précieux Sang tous les pécheurs de l'univers qui sont en ce moment à l'agonie, et qui doivent mourir aujourd'hui. Ainsi soit-il.

Cœur de Jésus agonisant, ayez pitié des mourants. (100 Jours d'indulgence.)

5

Invocations à Jésus, Marie et Joseph.

Jésus, Marie, Joseph, je vous donne mon cœur, mon esprit et ma vie.

Jésus, Marie, Joseph, assistez-moi dans ma dernière agonie.

Jésus, Marie, Joseph, que je meure dans votre sainte compagnie.

300 Jours d'indulgence.

6

Oraison jaculatoire.

Doux cœur de Marie, soyez mon salut. (300 Jours d'indulgence.)

7

Prière à saint Joseph.

O Dieu qui, par une providence ineffable, avez daigné choisir le bienheureux Joseph pour être l'époux de votre très-sainte Mère, faites, nous vous en supplions, que nous méritions d'avoir pour intercesseur dans le ciel celui que nous vénérons comme notre protecteur sur la terre.

8

Le Souvenez-vous de saint Joseph

Souvenez-vous, ô très chaste Époux de la Vierge Marie, ô saint Joseph, mon aimable protecteur, qu'on n'a jamais entendu dire qu'aucun de ceux qui ont eu recours à votre protection et demandé votre assistance ait été renvoyé sans consolation. Animé d'une pareille confiance, je viens en votre présence et me recommande à vous avec toute la ferveur dont je suis capable. De grâce, ne méprisez pas ma prière, vous qui avez passé pour le père du Rédempteur, mais recevez-la favorablement. (300 Jours d'indulgence.)

SUPPLÉMENT

—

Nous croyons devoir reproduire ici, pour satisfaire la piété bayonnaise dans le présent et dans l'avenir, un discours adressé par N.-S. Père le Pape Pie IX aux pèlerins de Marseille et de Bayonne réunis au Vatican le 21 décembre 1875. On y trouvera un solennel hommage rendu par le Souverain Pontife à la mémoire de notre bien-aimé patron.

« Le plus grand châtiment, a dit Sa Sainteté, que Dieu pourrait infliger à son Eglise, serait assurément celui de lui enlever l'énergie dont elle a besoin pour soutenir et pour repousser les attaques de ses ennemis, de façon que, s'endormant pour ainsi dire sur ses malheurs présents, elle demeurât froide et comme résignée, sans opposer de résistance à l'erreur et sans combattre et confondre les fausses doctrines.

« Mais, grâce à Dieu, si cela se remarque chez quelques-uns de ses fils, cela n'arrive pas pour le plus grand nombre et ne peut pas arriver à cause des promesses divines. Vous-mêmes, n'offrez-vous pas une preuve manifeste de ce fait par le pèlerinage que vous avez entrepris, avec beaucoup de fatigue, jusqu'à la cité de Pierre, imitant en cela et vos compatriotes et les habitants des pays étrangers ?

« Certains ennemis de l'Eglise pensaient que

celle-ci avait perdu toute énergie, et, comme ils le disent sottement, qu'elle avait fait son temps. Il semble toutefois que Jésus-Christ, pour confondre ses ennemis, ait voulu répéter les paroles qu'il prononça un peu avant la résurrection de Lazare : *Lazarus amicus noster dormit; sed vado ut a somno excitem eum.* Assurément, il existait dans l'Eglise une certaine torpeur qui l'empêchait de voir et de connaître les maux qui l'envahissaient de tant de côtés à la fois. C'est pourquoi le Seigneur, prenant la verge en main, en frappa ses fils indolents. Ceux-ci se réveillèrent alors, s'aperçurent du péril, en reconnurent toute la gravité, et crièrent pitié, secours, miséricorde; Dieu les entendit, et l'on vit renaître le feu sacré qui était caché et comme étouffé au fond des âmes.

« La tempête toutefois n'est pas encore terminée, et l'ordre du *tace, obmutesce* à donner aux vents et à la mer, n'a pas été encore prononcé par Dieu. Néanmoins, la *barque mystique* flotte toujours, dominant les vagues dont elle est battue ; et certainement la main toute-puissante de Dieu la reconduira peu à peu au port de la tranquillité.

« Semblable à la barque mystique de l'Evangile fut aussi celle qui recueillit dans son sein toute une famille de bienheureux. Cette barque fut abandonnée, dans les premiers jours du Christianisme, à la merci des flots, sans voile, sans mât et sans pilote, et tout cela se fit en haine de la foi catholique. Mais la main de Dieu guidait elle-même ces saints dans leur route ; elle voulait conduire et

sauver Lazare, Madeleine, Marthe, et les autres
âmes élues qui se trouvaient avec eux, afin, ô chers
Marseillais, qu'ils évangélisassent vos aïeux, en
apportant le don si précieux de la foi, non-seulement à ceux-ci, mais aussi à vous-mêmes, qui
jouissez aujourd'hui de ce petit grain de sénevé
semé alors par ces âmes saintes que le ciel vous a
envoyées. Ce grain de sénevé a crû depuis lors,
non-seulement par le nombre des fidèles, mais
aussi par l'abondance des œuvres de charité. Dieu
regarde toutes ces œuvres d'un œil de complai-
sance, et la Très-Sainte Vierge, constituée gar-
dienne de votre cité, intercède pour vous, pour le
clergé, pour le peuple tout entier, afin de vous
obtenir les grâces dont vous avez le plus grand
besoin.

« Et de même qu'à Marseille la sainte famille de
Magdalum plantait la croix et répandait la foi,
ainsi à Bayonne un saint Léon, martyr, empour-
prait votre patrie de son sang, et apprenait aux
échos des Pyrénées à redire les prières qui sor-
taient des lèvres et du cœur de vos aïeux. Admirables dispositions de Dieu, qui veut toujours que
certains héros, ses fidèles serviteurs, soient, dans
ses mains, des instruments destinés à cultiver et à
dilater la vigne que sa droite toute-puissante a
plantée.

« Votre saint Léon fut martyrisé aux portes de la
cité. On pourrait dire aussi que c'est ce que l'on
pratique également de nos jours de la façon la plus
impie. On chasse les ministres sacrés du sanc-

tuaire, et l'on voudrait les voir tous non-seulement hors de la ville, mais encore bien loin d'elle. Aussi leur ôte-t-on toute espèce d'influence salutaire ; et si le bourreau ne se montre pas pour leur couper la tête, on voit du moins apparaître des profanateurs sans nombre de la religion catholique, dont la mission satanique consiste à troubler et à pervertir l'imprudente jeunesse afin de lui enlever tous les principes de la foi catholique, lui faisant par là un mal bien plus grand que s'ils lui enlevaient la vie du corps.

« C'est là ce qui arrive à Rome, où tant de familles religieuses, d'hommes ou d'épouses de Jésus-Christ, ont été jetés à la porte après qu'on les a eu dépouillés de tout ce qu'ils possédaient. On voudrait également mettre à la porte (*mettere alla porta*) tous les instituteurs catholiques, afin de les réduire à l'impuissance d'enseigner la vérité et de pouvoir élever plus librement la jeunesse, non dans l'amour de Dieu, mais dans l'amour de la patrie que l'on substitue à Dieu ; de cette patrie avilie et remplie de tant de misères ! oui, imbue des maximes les plus immorales et avilie par les charges énormes qui pèsent sur elle, ce qui la rend digne de compassion et lui crée le besoin d'immenses secours spirituels.

« Vraiment, les persécuteurs de nos jours ne sauraient, sous plus d'un rapport, être même comparés à ceux qui tourmentaient et tuaient les martyrs. Ces derniers pouvaient, du moins, donner pour excuse l'ignorance dans laquelle ils étaient de la foi de Jésus-Christ : *non enim sciunt quid faciunt*. Mais les persécuteurs qui se trouvent aujourd'hui en Italie, et aussi hors de l'Italie, sont nés avec le caractère chrétien ; ils ont crû et out été élevés dans la religion et la piété... Mais, depuis, ils ont renoncé à la foi de Jésus-Christ.

« Dans une telle situation de choses, que ferons-nous, Fils bien-aimés ? Ah ! prions Dieu de vouloir bien redoubler la force et le courage chez ceux qui doivent défendre la vérité de la Foi, qui doivent s'opposer aux efforts des impies et à ceux qui, comme je l'ai dit en commençaut, vont répétant que la Religion de Jésus-Christ a fait son temps, prédiction qui est aussi sotte qu'impie. Le temps de l'Eglise de Jésus-Christ est toujours celui qui est : il est aujourd'hui, il sera demain ; il demeurera jusqu'à la consommation des siècles.

« Prions donc, afin d'obtenir toujours de Dieu une force plus grande pour résister aux mille assauts qui nous menacent ; prions, oui prions, afin d'obtenir les lumières nécessaires pour confondre l'erreur, et aussi afin que Dieu accorde à nos paroles la grâce de pouvoir convertir les égarés.

« En attendant, je lève les bras vers le ciel afin de bénir les deux premiers pasteurs de vos diocèses et de bénir avec eux le clergé qui les aide et coopère à leur sacré ministère. Je bénis les communautés religieuses qui abondent en France et en tant d'autres pays ; oui, je bénis la France tout entière !

« Je bénis tous ceux qui s'intéressent au sort du

Saint-Siége ; je bénis tous ceux qui progressent
dans le bien, afin qu'ils puissent atteindre le but
auquel nous devons tous aspirer, but qui sera la
fin de tous les maux et le commencement de l'éter-
nité bienheureuse.

TABLE

INTRODUCTION

VIE DE SAINT LÉON

CULTE DE SAINT LÉON

APPENDICE

§ I

PIÈCES JUSTIFICATIVES

§ II

PIÈCES LITURGIQUES

§ III

PRIÈRES DIVERSES ET INVOCATIONS AVEC INDULGENCES

SUPPLÉMENT

Bayonne, impr. E. Lasserre.